大道理都懂，
小情绪难控

[日]和田秀树——著　庄雅琇——译

四川科学技术出版社

图书在版编目（CIP）数据

大道理都懂，小情绪难控 /（日）和田秀树著；庄雅琇翻译.— 成都：四川科学技术出版社，2019.6（2021.6 重印）
ISBN 978-7-5364-9462-6

Ⅰ.①大… Ⅱ.①和… ②庄… Ⅲ.①情绪 - 自我控制 - 通俗读物 Ⅳ.① B842.6-49

中国版本图书馆 CIP 数据核字（2019）第 093532 号
著作权合同登记图进字 21-2019-219 号

"KANJO NI FURIMAWASARENAI HITO" NO NO NO TSUKAIKATA
©2016 Hideki Wada
First published in Japan in 2016 by KADOKAWA CORPORATION, Tokyo.
Simplified Chinese translation rights arranged with KADOKAWA CORPORATION, Tokyo through Eric Yang Agency Inc, Seoul.

本书中译本由时报文化出版企业股份有限公司授权

大道理都懂，小情绪难控
DA DAOLI DOU DONG XIAO QINGXU NAN KONG

出 品 人	程佳月
著　　者	[日]和田秀树
译　　者	庄雅琇
监　　制	黄 利　万 夏
责任编辑	刘依依　谌媛媛
特约编辑	曹莉丽　孙 建
营销支持	曹莉丽
版权支持	王秀荣
装帧设计	紫图装帧
责任出版	欧晓春
出版发行	四川科学技术出版社
	成都市槐树街 2 号　邮政编码 610031
	官方微博：http://e.weibo.com/sckjcbs
	官方微信公众号：sckjcbs
	传真：028-87734039
成品尺寸	145mm×210mm
印　　张	6
字　　数	90 千
印　　刷	天津中印联印务有限公司
版次 / 印次	2019 年 6 月第 1 版 / 2021 年 6 月第 4 次印刷
定　　价	49.90 元
ISBN 978-7-5364-9462-6

■ 版权所有·翻印必究 ■

本书如有缺页、破损、装订错误，请寄回印刷厂调换。010-64360026

前言

本书将为各位介绍源自脑科学及心理学知识的有效实践法，帮助各位掌控"涌上心头的焦躁""莫名烦闷不堪"等负面情绪，从此享受海阔天空的精彩人生。

以上是我想在书中强调的内容。

在现代社会，如果意志不够坚强，日子恐怕会很难过：职场上，必须顾及与上司、下属的人际关系；在家里，也须扮演好丈夫或妻子、父亲或母亲的角色。

随着年纪增长，孩子也会成长至不易管教的年龄，要处理的情况似乎比从前更复杂。雪上加霜的是，父母或自己的健康也可能亮起红灯。

还有其他层出不穷的状况，比如上司的无心之语听起来格外刺耳；遭受挫折时，友人的鼓舞与关怀也会难以诚心接纳，甚至还会变成愤怒与嫉妒的情绪。

于是，种种问题日渐郁积在心底。一旦对这样的自己心生厌恶，或是自惭形秽，别人自然也会觉得"这个人真难搞"，人际关系因此恶化，深陷恶性循环里。

现实生活中，不少人虽然处在压力破表的环境中，但苦于没有足够的时间调适心情。

大家切不可小看负面情绪的威力。挥之不去的愤怒、悲伤、嫉妒和焦躁，终会影响日常生活，导致食不下咽、夜不成眠。情况若继续恶化，也有可能演变成忧郁症等精神疾病。

不少人对于涌上心头的负能量，往往会自责"是我脾气不好""自己应该坚强一点"。但老实说，这并不是个人的错。

随着脑科学研究的日新月异，今已证实，超过一定年龄后，人会因为年龄增长而越来越难以掌控情绪，而且每个人或多或少都会如此。因此，情绪变得难以掌控，可说是众多老化现象中的一个。

再进一步说明，之所以会情绪失调，是因为大脑会随着年龄增长而萎缩，脑部状态产生变化。

大脑里负责掌控情绪的是额叶。从整个脑部来看，额叶的位置接近大脑表面，相当于额头内侧。

各项研究显示，额叶扮演着掌控情绪的重要角色。而额叶会受到年龄增长等各种因素影响而老化（退化），使情绪管理变得困难。

在书中，我会再为各位详细解说这些观念。总之，我们可以借着改善额叶功能，学会妥善处理负面情绪。

你是否有过下面的类似体验呢？

当心烦意乱焦躁不已，心情犹如积压了大石而无比沉重时，却因为别人不经意的话语或行动，"乌云"顿时消散，心情畅快得前后判若两人。这就是额叶发挥了作用。

人类本来就具备适时转换心情的能力，而不必刻意去改变心情，让自己转忧怒为喜乐。只不过脑部状态会随着年纪增长而功能衰退、老化萎缩，进而影响控制情绪的能力。

本书不只提供转换心境或改变想法的解决方案，更详细解说如何以实际的行为习惯改善额叶功能。

为什么培养行为习惯如此重要？因为特训是无法长久持续的，曾经流行的一系列大脑训练确实能有效加强额叶功能，但困难之处在于实行后若是觉得兴味索然，便很难持之以恒。

然而，日常的方法可以融入生活习惯中，再也不必每天激励自己："加油，今天也要继续强化大脑！"

本书介绍的方法只需养成习惯，即可轻轻松松持续下去。相信各位能在不知不觉间，促进大脑活络。

不过，有些读者也许会质疑："更年期容易焦躁，不是因为受到激素的影响吗？""忧郁症患者情绪低落，应该是脑内神经传导物质分泌不足的原因。"

确实如读者所言，书中也会针对以上两点详细解说。

除此之外，书中还会提到借由解决负面因子，避免负面情绪扩大，以及找出正面因子，加强额叶的功能。如果你不知道如何面对负面情绪，或者想拥有令人惊艳的创意想法，抑或想改善工作上的人际关系，本书会提供可供参考的信息。

我已经超过55岁，依然持续运用自己身为医师研究出的理论来刺激大脑（额叶），并且随时提醒自己保持心境平稳，不被情绪所左右。或许正因为如此，同辈朋友常常对我说："你看上去好年轻！"他们说的也许是我的外表，但我认为我的观念及想法同样如此，我到了这个年纪还想挑战各种事物。

其实，这主要是因为我每天都按照书中所说的方法锻炼大脑，而这些方法就医学观点来看，也相当完善。请各位务必养成习惯，改善额叶功能。

但愿各位都过上更加灿烂而充实的人生。

——和田秀树

目 录
CONTENTS

Part 1
知道情绪产生的源头，才能掌控情绪

情绪发自内心，但你知道"心"在哪里？ /002
为什么每个人的情绪不一样？ /004
获得诺贝尔奖的"恶魔手术" /009
不想让情绪失控，就请远离这三大危险因子 /014
年龄越大，情绪越难以控制吗？ /017
我们都会变成老顽固吗？ /020
疼痛与情绪是双生子 /022
掌控情绪，就是在提升情商 /025
这种现象出现，表示情商开始下降了 /028
智商不易衰退，但情商容易老化 /031

Part 2
导致情绪失控的因素

你的负面情绪，都是这样产生的 / *036*

导致情绪失控的因素之一：神经传导物质减少 / *039*

是拥有几十年的经验，还是一个经验用了几十年 / *041*

你所谓的豁达大度，不过是无力反驳 / *043*

导致情绪失控的因素之二：不动脑 / *045*

怎样才算是动脑 / *047*

导致情绪失控的因素之三：动脉硬化 / *049*

导致情绪失控的其他因素：性激素 / *051*

不要谈"性"色变 / *054*

Part 3
掌控负面情绪的有效技巧

锻炼大脑，就能掌控负面情绪 / 058

锻炼大脑的三个生活习惯 / 061

给予大脑一定的刺激 / 064

多尝试未知的事物 / 066

培养多元化的兴趣 / 069

经常检查自己对情绪的掌控力 / 072

这样吃，可以让大脑保持年轻 / 075

爱做梦的人，情绪不易老化 / 078

人生，要有点欲望 / 081

掌控情绪，从来都不靠忍 / 083

提升刺激的层次 / 086

已经是大人了，别让大脑还像个小孩 / 088

Part *4*

保持正面情绪的有效技巧

多刺激自己的笑点 / *092*

试试投资或投稿 / *095*

运动和做饭的功效 / *097*

别急着回家，享受绕远路的乐趣 / *099*

读与自己想法不同的书 / *102*

对不认同的规则提出反驳意见 / *105*

知识不仅要输入，更要输出 / *108*

养成这七个生活习惯 / *110*

从"旁观者的角度"看自己 / *120*

Part 5
不是没有情绪，而是别被情绪左右

你的坚持，一文不值 / *124*

改变自己是神，改变别人是神经病 / *127*

都是成就感不足惹的祸 / *129*

情商高就是会说话 / *132*

别被身体情况左右情绪 / *134*

找不到解决之道的事，就先暂放一边 / *136*

过去无法改变，未来还需向前 / *138*

为了面子，往往容易失去里子 / *141*

将痛苦转换为喜悦的三个方法 / *143*

Part **6**

情商修炼课

注意！40岁后，情商可能会下降 / *150*

即使人到中年，也不要失去工作热情 / *152*

判断自己情商的九道测试题 / *154*

学习成功之道，避免低情商 / *164*

情商高的人都善于模仿 / *166*

摆脱低情商的三个方法 / *168*

情商高的人，懂得从正面看 / *170*

结语 / *172*

Part 1
知道情绪产生的源头，
　才能掌控情绪

随着医学进步，我们了解到
所有的喜怒哀乐情绪，都是大脑的变化引起的。
因此，情绪由大脑产生，也受大脑主宰。

Part
1

情绪发自内心，但你知道"心"在哪里吗？

许多人觉得有"老是焦躁不安""莫名烦闷不堪"等情绪波动，是自身的性格问题。

普遍认为，每个人都有的情绪是发自内心，但所谓的"心"究竟在哪里？

一看见喜欢的人，一遇到紧张的场面，胸口都会怦怦急跳。所以从前都以为"心"就是指心脏。

然而，随着医学进步，我们了解到"心"不是指心脏，而是指大脑。所有的喜怒哀乐情绪，都是大脑的变化引起的。因此，情绪由大脑产生，也受大脑主宰。

有些读者想必会问："更年期障碍不是也会影响情绪起伏吗？"确实如此，谈到情绪是否"全由大脑掌控"，倒是无法全盘说"YES"。

各位应该都听过，当女性进入更年期后，由于激素失去平衡，会很容易焦躁，有的人也会变得暴躁易怒。

最近的研究显示，**男性激素较多的人，不论男女都更善于交际**。由此可知，体内分泌的激素也会以各种形式影响情绪。

人体虽然有免疫功能（这是保护身体的一种机制），但免疫功能一旦下降，情绪就会受影响。例如，我们因免疫功能下降而感冒时，身体不适会影响心情，自怨自艾地心想："我就是工作能力差的废柴！"又或生病时备感孤单、脆弱，想找人安慰，因而对照顾自己的人产生好感。免疫功能下降，成了身体变化的引爆点，自然也有可能改变情绪。

不过，激素的分泌与免疫功能同样都会经由大脑作用影响情绪。大致上来说，几乎所有情绪都会受到大脑某种作用的影响。

本书主要探讨的便是大脑与情绪的关系，这一点还请各位先了解。

Part
1

为什么每个人的情绪不一样？

话说回来，情绪到底是从大脑何处产生的呢？相信很多人都回答不出这个问题吧。

研究表明，人的情绪产生于脑内的边缘系统，一般认为是在大脑的正中央。

边缘系统是由扣带回、杏仁核、海马体所构成的大脑结构的总称。扣带回影响血压、心跳、呼吸调节，并负责做决定、产生共鸣、认知等；杏仁核负责处理莫名的恐惧、不安、悲伤、喜悦、直觉等；海马体则掌控来自眼、耳、鼻的短期记忆与信息。

边缘系统的外侧有大脑新皮质，主要掌控理性分析的思考能力和语言功能，所谓的"理性"也是由这个大脑新皮质控

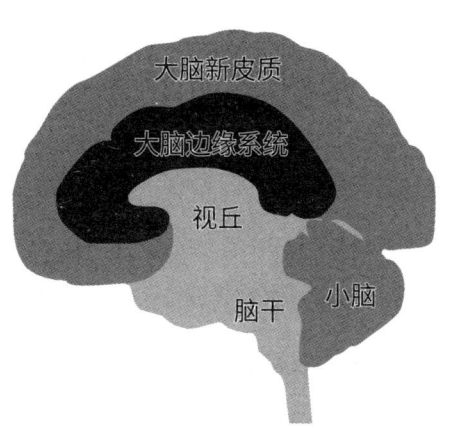

制。因为这是从低级生物演化为人类这种高级生物时形成的全新脑部结构,所以称为"新皮质"。

因此,就演化的历史来看,最先形成的大脑结构是边缘系统,后来才是大脑新皮质。

当边缘系统受到刺激,就会产生愉快、恐惧、悲伤这类本能情绪反应。

然而,即使是相似的情绪,也有各自不同的类型。

Part 1

例如，单从"恐惧"的情绪来看，有的是"我很怕那位暴躁易怒的上司"，有的是"我有恐高症"，也有的是"我怕鬼"。大脑新皮质的作用，便是让同样的"恐惧"情绪，拥有如此不同种类的含义。

不仅如此，即使接受同一种刺激，每个人的实际感受有时也各不相同。例如观看同一张灵异照片，有的人会害怕得不敢多看一眼，有的人却是瞧得津津有味。

为什么会有如此大的差别？因为最初产生的"情绪"，会受到当事者成长过程中的经验、知识与教育等各种不同层面的影响，形成左右身心的强烈情感，也有的会变成微不足道的情感。

换句话说，边缘系统所产生的情绪，在发生当下并没有太大的个别差异。开心或害怕这两种不同情绪所带来的差别也没有那么大，之所以会出现各式各样的诠释方式，形成深浅不同的情感差异，主要是大脑新皮质的反应因人而异。

大脑新皮质的最大特征是每个人理性处理情绪的发展程度不一样，于是造成差异。

人通常即使生气，也不会立刻诉诸暴力。就算内心难受，也能忍住泪水。知道对方正在生气或伤心难过时,想说的话也会吞进肚子里。

人类比动物更擅长表面功夫。自从人类开始过着群体生活,在社交能力加速发展的阶段,肯定就演化出新的大脑新皮质。

不过,这种社交能力有时也会失序。例如,在三杯黄汤下肚之后。酒精对人体的刺激性极强,饮酒过量会麻痹整个大脑。

举例来说,大脑新皮质一旦麻痹,就会失去理性。像是喝醉后大吐对公司日积月累的不满,或者对有好感的异性示爱。

如果继续大量酗酒,边缘系统也会产生麻痹,剥夺运动功能与记忆力这两项动物维持生命所需最低限度的基本能力,所以才会有醉得跟跟跄跄、记忆空白的情形,例如:"我不记得自己是怎么回家的。"

总而言之,**所谓的情绪,便是"由边缘系统产生,再由大脑新皮质反应的结果"**。

Part
1

从上述事例看来，大脑新皮质肩负"塑造人性"的重要任务。因此，本书所要探讨的"老是焦躁不安""莫名烦闷不堪"等情绪，就是因为大脑新皮质出现了问题。

也就是说，只要改善大脑新皮质的状况，即可妥善处理这些情绪。

获得诺贝尔奖的"恶魔手术"

早在 20 世纪 30 年代,科学家便已提出"情绪由边缘系统产生"的假设。经过后人的研究,科学家们有了更重大的发现。

事实上,过去早已有推测,控制情绪的具体位置就在脑内的大脑新皮质中,即命名为"额叶"的区域。

大脑新皮质覆盖边缘系统周围,并分成额叶、顶叶、颞叶、枕叶。其中,**额叶在头部前方,相当于额头的内侧。**

为什么说"额叶负责掌控情绪"呢?

举个例子,若是罹患脑梗死或脑瘤等脑部疾病,病患会

Part
1

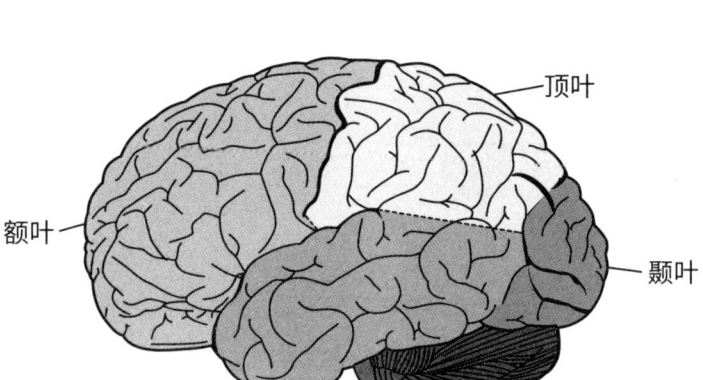

因为脑部受损部位不同而产生不同的反应,有的人失去计算能力,有的人则会说不出话来。因为大脑各区域负责的功能各不相同。

但额叶如果受损,智力测验的成绩并不会下滑,受影响的反而是控制情绪的能力。

葡萄牙籍的埃加斯·莫尼兹(António Egas Moniz)医师在第二次世界大战前的1935年发明了额叶切除术,但人们在20世纪50年代发现了这项手术产生的后遗症，即有些患者变得无精打采、缺乏感情，因而也令人联想到额叶与情绪的关系。

额叶切除术方法有许多种，有的是在头盖骨上钻一个洞，利用细长的手术刀切除额叶；有的是将冰锥插进眼窝，切断神经纤维。

虽然当时已推测额叶会产生负面情绪，但为了改善尚无治疗方法的思觉失调症及忧郁症等精神疾病，人们还是发明了额叶切除术。

美国精神科医师沃尔特·弗里曼（Walter Freeman）等人对精神病患者施以额叶切除术后，发现可抑制精神病患者的暴戾性情，因此当时这种治疗方法风靡世界各地。

发明额叶切除术的莫尼兹医师于1949年获颁诺贝尔生理学或医学奖，得奖理由是"发现额叶区域脑神经切断疗法，对特定精神疾病具有治疗效果"。

在施行额叶切除术后，如果病患的智力完全不受影响，确

Part
1

实是一项能稳定情绪的划时代疗法。

然而,自从莫尼兹医师获奖后,人们陆续发现有些病患变得无精打采、缺乏感情,甚至失去了自我。

原以为是"奇迹手术"的额叶切除术,顿时成了"恶魔手术"而在全球遭到禁止,但是人们也因此了解到情绪的掌控是与额叶息息相关的。

到了20世纪90年代后期至21世纪初期,随着检测大脑活动的科学仪器发展,人们已能利用磁共振造影(MRI)技术来呈现脑内的血流量,脑科学因此急速发展。

经过研究证实,人的所作所为,是由大脑的某个区域主导的。例如,让接受实验者进行计算与朗读,会发现他们脑部血流量活络的区域各不相同。通过实验可知,"计算是与脑部某个区域有关的"。

一般来说,角回是计算中枢;颞叶则是语言中枢,与朗读时的语言理解能力有关。研究显示,计算及朗读能增加对应区域角回的血流量，但是额叶区域增加的血流量则更多。由此可知，**计算及朗读可活络额叶**。

另一项实验则显示，人处在惊慌状态时，额叶的血流量会大减。由此我们便能了解到当额叶功能不佳时，人就无法有效掌控情绪。

Part
1

不想让情绪失控，
就请远离这三大危险因子

造成额叶功能衰退的原因，可分成三大类。

① 额叶缺乏活动

额叶必须正常发挥功能，才能妥善控制情绪。因为额叶掌控思考及欲望、情绪、个性和理性，若是希望额叶发挥作用，就要在上述的各个方面给予刺激，借此便能增加额叶的血流量，也就是"动脑"。

身体任何部位都是越动越灵活，不动的话就会"生锈"，从而变得迟钝。

手臂或腿曾经骨折的人，即使年纪很轻，也会发觉手臂因为一段时间无法活动而变细，腿也没办法正常行走。而这种情形年纪越大会越明显。

人的身体不会像机器一样越使用越耗损，反倒是全身都得到活动才能维持功能运作。因此，活络额叶时，需针对"思考、欲望、情绪、个性、理性"等各种行为活动给予刺激。

下一章会针对这一项详细说明。

② 动脉硬化

尽管每个人的老化速度不同，但血管最后都会失去弹性。年轻时，人的血管都犹如橡皮一般柔韧有弹性；年老后，血管就会变得像旧轮胎一样硬邦邦的。

胆固醇若是沉积在变硬的血管里，就会造成血液循环变差，呈现动脉硬化的状态。

一旦动脉硬化，血液便无法顺利输送至大脑，导致整个脑部的功能下降，额叶自然也会受到影响，因而容易产生自发性活动减少与欲望减退的现象，或是"一掉眼泪就止不住"的情绪失控现象。

每个人在年岁渐高后血管都会变硬，动脉硬化也可说是一

Part 1

种老化现象。不过，如同其他老化现象，动脉硬化同样会因各人的生活习惯不同而有差异。

一般认为糖尿病及吸烟是加速动脉硬化的危险因子，其他还有高血压、高胆固醇、肥胖、压力等。如果能排除这些危险因子，预防动脉硬化，即可在一定程度上维持额叶的功能。

③ 血清素（神经传导物质）减少

血清素的功用在于调节其他神经传导物质，例如多巴胺（传递喜悦、欢愉）、去甲肾上腺素（传递恐惧、惊吓）等，有助于稳定情绪。

血清素减少所引起的一种症状是忧郁症。血清素与其他分泌物质一样，会随着年龄增长而逐渐减少，因此，高龄者容易罹患忧郁症。年轻人如果血清素暂时减少，也会出现忧郁症状。

血清素减少会使额叶功能变差，即使没有严重到忧郁症的地步，仍会使人意兴阑珊或焦躁不安。

年龄越大，
情绪越难以控制吗？

身为精神科医师，我至今已使用电子计算机断层扫描（CT）与磁共振造影等技术，检查过四千多名病患的大脑。因为即使是没有明显症状的轻微脑梗死，也需了解其严重程度，以及大脑其他区域是否还有疾病。乍看之下可能是忧郁症或失智症，但有时其实是因为其他疾病而引发的类似的症状。

观察了四千多张人脑影像后，我发现年纪越大，大脑会越小，这种情况属于自然现象（这一点当然大家早就知道）。这是因为脑细胞死亡，大脑会产生物理性的萎缩，可说是自然老化的现象之一。我也发现，大脑萎缩程度大致与年龄相符。

通过上述这些观察结果，便可掌握脑部随着年龄增长而萎缩的平均状态，也能了解就其年龄而言，脑部萎缩的严重

Part
1

程度。

之后我又对照多篇论文，找到了一项发人深省的研究报告。

这是神经病理学专家谢佛所做的研究。内容是对比 10 位平均年龄 77 岁、没有罹患失智症的高龄者的大脑，以及 5 位 19~28 岁年轻人的大脑。

研究结果显示，**随着年龄增长，额叶中掌控"自发性"与"欲望"的额极，萎缩程度最严重。**

更精确地说，就神经细胞的减少率来看，枕叶为 13%、海马体约 20%。相较之下，额叶的额极约为 28%，比例最高，同样位于额叶的前运动区则是 22% 左右，比例次之。由此可知，大脑是从额叶开始衰退的。

就大脑各区域所司的功能来看，枕叶是视觉中枢，负责视觉功能。这个区域若是受损，即使还看得见，也会失去空间概念，无法辨识图像的意义；如果是半盲，会导致视野部分缺损。海马体掌管记忆，特别是语意记忆和情节记忆；前者是犹如编字典般的机械式记忆,后者是伴随个人体验的记忆。前运动区则是掌管自发性、欲望及情绪的区域。

换句话说,当大脑对于视觉信息的认知能力下降,在出现"记性变差"的问题之前,会先产生欲望减退及情绪难以控制的情形。

我非常认同"大脑从额叶开始萎缩"这句话,因为这与我看过众多影像后产生的想法一致。

萎缩的程度自然会因人而异,不过,"老是焦躁不安""莫名烦闷不堪"这类心理状态,有可能是大脑老化所造成的。

如果神经细胞会在75岁以上时减少将近三成,那么老化速度快的人,神经细胞也许在40岁左右便已开始锐减。

Part
1

我们都会变成老顽固吗？

额叶萎缩会使人变得难以处理事情及掌控情绪。其中一项明显的症状，就是俗称的"老顽固"。

人一旦进入高龄阶段，也许会越来越不懂得灵活变通，总是固执于一种想法。不仅难以接受新观念，也变得无法控制情绪，始终暴躁易怒，或是成天闷闷不乐。因为自控力越来越差，因此被大家称为"老顽固"。

我认为大脑僵化的现象，也是额叶衰退所致。换句话说，这是额叶受损，导致重复做同一件事的"固持"现象。

例如，在诊治罹患失智症的高龄病患时，我会问他："今天是几月几日？"他会正确回答："六月十日。"但接着问："你生日是几月几日？"他也会同样回答："六月十日。"

知道今天的日期，表示还保有理解能力，记忆力也相当不错。可是回答不出下一个问题，这点与理解能力无关，而是无法"转换"思维处理不一样的问题。这种难以让脑袋转个弯的现象，就称为"固持"。

脑部功能正常运作的人不太可能会发生固持现象。经研究显示，出现这种情形的人，往往有额叶脑梗死或脑瘤。

然而，额叶功能衰退时，过去没有明显固持情绪的人也会出现固持的情形。

例如，为某件事心烦时，如果无法顺利转换思维，恼人的想法就会盘踞脑海，形成一种固执的想法。有的人就会因此摆脱不了焦躁不安与莫名烦闷，以及挥之不去的悲伤情绪。

有些人认为这些心理作用，纯粹是当事者的个性使然。但是在我们专治高龄者的精神科医师看来，这也是受到额叶衰退因素的影响。

Part
1

疼痛与情绪是双生子

在此稍微岔开话题,我想谈一下,**加强额叶功能,也能改善腰痛与头痛。**

额叶也与疼痛息息相关。有一种说法认为,加强额叶功能有助于舒缓慢性疼痛,如头痛、腰痛。梅约医学院(Mayo Medical School)精神科荣誉教授、已故日籍精神科医师丸田俊彦所写的《疼痛心理学》一书中即有详细说明。

医界有"疼痛门诊",由来自不同领域的医师组成,用各种方法治疗"疼痛"。但有的症状试着用药物止痛也不见效果。对于这样的病患,有时会以行为疗法的形式,借由运动帮助他们舒缓疼痛。

病患若是对止痛药产生依赖，医师开处方时不会开锭剂（指各种形状的硬块制剂），而是将药物溶解在果汁里，让病患通过饮用果汁慢慢摆脱止痛药，进而改善症状。

丸田医师根据这些临床经验得出结论，认为病患之所以觉得同一部位始终疼痛难消，主要是受心理因素影响。

持续的疼痛会让人习以为常。每个人应该都有类似的经验，例如指甲剪得太深，刚剪完时不免有些疼痛，但是几个小时后便会感受不到疼痛。

还有用铅笔的笔尖戳手，过几分钟便不再感到疼痛；刚戴隐形眼镜时会不舒服，也很快就能习惯，感觉不到它的存在了。

这种情况基本上也适用于腰痛及头痛，也就是扰乱本来的痛觉，不再感知疼痛。

话说回来，人为什么会感到疼痛？是因为"意识到它的存在"。

由于情绪被疼痛牵着走，也就是产生了固持现象，才会一

Part
1

直觉得痛。所以有人推论，若是改善额叶功能，让情绪得以适时转换，便不会在意疼痛。

有一家位于新宿的减压诊所利用磁刺激技术来刺激额叶，借此提升治疗忧郁症的效果。据说他们也尝试了另外一种方法刺激额叶，大幅舒缓了疼痛。

掌控情绪，
就是在提升情商

前几节我们谈论了延缓额叶老化速度或加强其功能，可消除情绪不稳及疼痛等。更进一步来说，加强额叶功能，其实还能产生正面影响。

例如工作上所需的创新能力、灵活思考能力、敏锐的感性以及察言观色的能力，都是额叶在起作用。

其中"敏锐的感性以及懂得察言观色的能力"，属于情商的范围。

情商是由美国耶鲁大学心理学家暨校长彼得·沙洛维（Peter Salovey）和新罕布什尔大学心理学教授约翰·D. 梅耶（John D. Mayer）共同提出的概念。经心理学家暨商业顾问丹

Part 1

尼尔·戈尔曼（Daniel Goleman）博士汇总后，于1995年出版了《情商》一书，该书马上成为全美狂销百万册的超级畅销书。一年后，这本书在日本也以《情商——内心的智能指数》的译名出版而广为人知。

然而，不知是否受到日本人只有三分钟热度的性格影响，当时人们对情商只有粗浅的认识，甚少将它应用于实际生活，以致目前《情商》其他几本续作几乎不为人所知。

书中介绍情商是"内心的情绪智商"，无法以智商检测而得知。

这项调查研究的动机源于思考一项议题：为什么有的人智商高，却无法在社会上出人头地？于是，该项调查便以这些人在其他方面的能力可能比较低为假设。

美国认为智商高是成功的必要条件，但不是唯一条件，成功人士还必须拥有高情商。

目前哈佛大学已将情商课程纳入商学院等精英教育里。在美国的精英教育观念中，不可以偏重智商，而是要在提高智商的基础上提升情商。

智商检测的是颞叶与顶叶的功能,情商则显示额叶的功能。加强情商确实有助于提高创意发想、灵活思考及转换思维的能力。

换句话说,进行例行工作时只会动用到颞叶与顶叶,但是适应新的情况或创造前所未有的事物时,则是要运用额叶。

在过去那种只要有效执行例行任务就能赚大钱的时代,只需高智商即可在工作上获取成功。然而,如今的时代瞬息万变,从事商业或销售行为已非易事,具备高度的创新能力、灵活的思考能力、敏锐的感知能力,以及懂得察言观色、做事面面俱到的人,更容易出人头地。

仅有高智商已不足以在现代社会立足,情商高的人反而较容易成功。一般认为,情商越高的人,其额叶功能也越佳。

Part
1

这种现象出现，
表示情商开始下降了

"额叶功能越好，情商表现越佳。"这是美国认知神经科学权威、爱荷华大学神经学院院长安东尼奥·达马西奥（Antonio Damasio）的研究心得。

换句话说，如果额叶遭受重大损伤，情商就会下降。

达马西奥诊治过一位三十多岁、名叫艾略特的病患，他曾经事业有成，但后来因为额叶受损而无法继续工作，过着形同废人的生活。

艾略特原本是名职场精英，但年纪轻轻就罹患脑瘤。

医术精良的脑外科医师将他脑部的肿瘤完全切除，原以为手术非常成功，但是动完手术的艾略特，从此性格大变。

他会突然扔下工作，转而对无关紧要的事斤斤计较。之后也不停换工作，投资的各式各样事业也全部以失败告终，就连婚姻也是结了又离、离了又结。

达马西奥检查了性格大变的艾略特，发现他的额叶表面没有大碍，但是内侧受损十分严重。

根据达马西奥的检查结果显示，艾略特的知觉能力、过往的记忆、短期记忆、学习新知的能力、语言及计算能力完全没有问题，智力测验的结果也显示一切正常。

问题在于病人的情绪没有起伏，情绪的管理能力因此变差，同时缺乏决策能力，道德感也相当薄弱。

达马西奥发觉艾略特的异常状况与其他出现该种病变的病患雷同。

因此达马西奥认为，情商与额叶密切相关，所以他在所著的情商解说书籍开头即谈到了这则例子，众多情商研究学者也一致认为，情商反映的是额叶功能。

Part 1

即使情况不像艾略特这么严重,但若是因为老化造成额叶萎缩,一般情商也会下降。根据戈尔曼的说法,40岁以后如果对此现象置之不理,额叶就会从这段时期开始萎缩。反之亦然,如果加强额叶功能,则有助于提升情商。

智商不易衰退，但情商容易老化

日本人认为，大多数人的智商发展仅止于学生时代，在往后的人生中便无法再提升，因此特别重视学历。相反，情商则可以靠后天培养。随着年纪增长，累积各种不同的社会经验后，情商也会跟着成长。

实际上真是如此吗？

在电车里与乘客起争执的大多是 50 岁以上的人，在居酒屋里激动地对店员咆哮"你把客人当成什么了"的也以中高龄者居多。

Part
1

由于日本已是超高龄社会，年纪超出中高龄的人数相对增加，出现这种情况自然合乎常理，但也不能因此一概而论。

我们在公司里应该会经常遇到这种上司：高声怒骂下属，不把客户放在眼里。由此可知，年纪越大，人际关系不见得会变得越圆融。

一路阅读至此的读者想必知道问题出在哪里。没错，这就是额叶功能衰退，导致情商能力下降，越来越难以控制自己的情绪所造成的。

令人遗憾的是，如果继续忽略这种情况，情商会随着年龄增长而继续衰退。

一般而言，我们可通过教育及知识、经验等来加强额叶功能。照理说，情商会随着知识与经验的累积，顺利发展至40岁左右。但是额叶有可能因为年龄增长而产生物理性的萎缩，造成功能逐渐减退。

也就是说，40岁左右时如果轻视此状况，情商大多会衰退而不是增长。但如果加以强化，便能克服这道难关。

当然，到了七八十岁，情商或许很难大幅增长，但是40~60岁的人，情商应该还有增长的空间。

另一方面，智商会在20岁左右达到巅峰，即使年届七十也不太会下降。有一项研究是针对东京小金井市某地区的70岁高龄者，展开的长达15年的追踪调查。假设人类智商平均值为100，其中约有70%的人的智商处于85~115，而小金井市的高龄者平均智商为105。

或许是因为当地住了不少高级知识分子，才提高了智商平均值。但值得注意的是，即使年届七十，智商也能维持在100左右，这一点倒是符合前面提到的"理解能力不会下降太多"的观点。因此，**我们应该留意的不是智能老化，而是情绪老化。**

Part 2
导致情绪失控的因素

产生愤怒的情绪是人之常情,
但若能适时转换心情,且以不伤害他人情绪
或身体的方式将心中的不满表达出来,
就表示可以有效控制愤怒。

Part
2

你的负面情绪，
都是这样产生的

当额叶功能衰退时，就会产生许多负能量。

前面提过，我们能够了解与控制自己的情绪，激发自身的干劲，便是源自额叶的功能。但是当额叶功能受损时，就会难以控制情绪。

除此之外，怒骂别人或忍不住与人动手的愤怒及暴力行为，都是额叶功能衰退造成的。

因此，老人拿伞打人或者对国家机关的职员咆哮，有可能是额叶功能减退所致。这些人年轻时的个性或许是出乎现在大家意料之外的温和，至少不会做出上述粗暴的举动。

换个角度来看，没有半点喜怒哀乐的人，他的脑部功能同样有可能出了问题。事实上，适度且适当地表达负面情绪，对保持脑部年轻来说未必是坏事。如果累积过多怒气，就会形成压力，引发胃溃疡。

只是，再怎么愤怒，有理智的人都会尽可能压抑或控制，不让自己破口大骂或出手打人，这在心理学上称为"愤怒控制"。

基本上，愤怒控制并不是指"不能生气"。产生愤怒的情绪是人之常情，但若能适时转换心情，且以不伤害他人情绪或身体的方式将心中的不满表达出来，就表示可以有效控制愤怒。这也是我们期望能达成的情绪管理目标。

然而，额叶功能若是衰退，就会使人怒气难息，忍不住抓狂。

令人抑制不住的情绪反应，基本上源自边缘系统。像是愤怒或恐惧，就都是由边缘系统产生的原始情绪反应。额叶则负

Part 2

责踩刹车，避免这些情绪转化为实际行动。当额叶功能衰退，无法适时控制住负面情绪时，我们就会直接付诸暴力或口出恶言。

由边缘系统产生的情绪，整体来说是属于反射性的情绪。例如如果被人骂作是"笨蛋"，任何人听了都会感到愤怒。而额叶会在此时发挥作用，抚平怒气。"真是火大啊。但是算了，不要跟那种人计较。"额叶的功能可让自己避免一肚子火，也就是一般所说的"理性"。

人之所以比猫、狗等动物更能控制情绪，研究判断是因为人类的额叶比其他动物都大。

即使被骂"笨蛋"，我们也能化怒气为力量，借此发愤图强："等着瞧，我会拼给你看！""我一定会功成名就！"

喜悦与悲伤等情绪也和愤怒一样，能将它转化为积极情绪的人，代表额叶功能极佳。这样的人即使工作遭遇挫折，也能适时转念，化危机为转机，最终成为人生赢家。

导致情绪失控的因素之一：
神经传导物质减少

据研究推测，神经传导物质减少是造成额叶功能衰退的原因之一，情绪即因此受到影响。

神经传导物质中，与焦躁不安或莫名烦闷、心情沮丧有关的是血清素。如前面所提到的，血清素与去甲肾上腺素、多巴胺，同样都是在脑内肩负极重要任务的神经传导物质；而在 40 岁以后，人体便会逐渐减少血清素的分泌。

神经传导物质是神经与神经之间传递信息时分泌的物质，例如**碰触煮沸开水的茶壶而感到"好烫"，便是神经传导物质在神经与神经之间传递"好烫"的信息时，决定开启感觉反应的开关。**

Part
2

　　如果任务执行得不顺利，无法确实传递类似"好烫"或"好难受"的信息，就会产生难以适时转换情绪的情况，像是"挥之不去的莫名焦躁""摆脱不了痛苦的心情"。因此，研究判断，忧郁症病患也是由于血清素减少而发病，可利用药物增加脑内的血清素，借此改善忧郁症。

　　另外，改善生活习惯可以在一定程度上避免血清素减少。根据研究，血清素的原料是肉类所含的色氨酸，后面会再详细说明。

　　并不是年纪大的人才会罹患忧郁症，年轻女性患上忧郁症的人数也有增加的趋势。其中一个原因有可能是过度瘦身导致营养不良。肉类的脂肪含量多，瘦身时往往对肉类能免则免。**平时食物若是以蔬菜为主，从肉类中摄取血清素原料色氨酸的机会便会大减，结果造成血清素减少，产生情绪低落难以恢复等忧郁症状。**

　　请各位务必记住，日常饮食对情绪起伏的影响极大。

是拥有几十年的经验，还是一个经验用了几十年

上一章提到的"老顽固"，便是额叶功能衰退所表现的具体特征。

额叶功能减退，导致大脑僵化，因此难以接受其他人的观点。当情况越来越严重时，就会成为"老顽固"。如果别人做的事与自己长年从事的工作有关，或者谈到自认为非常熟悉的领域时，就会显得兴味索然，心里不以为然地想："这不是大家都知道的事吗？""一点也不稀奇啊。"从而难以接受其他人的观点。

更糟糕的是固执己见，越来越听不进别人的意见，以倚老卖老的高姿态否定一切："这家伙什么都不懂，还敢大放厥词。"这种想法就是大脑僵化所造成的。

Part 2

公司创始人与接班人之间时常失和,就有可能是俩人的大脑都变得僵化所造成的。

额叶功能越佳,大脑对事物也越能灵活应变。即使别人谈起自己熟悉的领域,同样能听得津津有味,并从中发现术业有专攻的学问,进而启发自己产生新的灵感:"原来还有这种观点啊。"就算得知不同于既定观念的看法,也能思考:"这个想法或许才是正确的?"如果懂得独立思考,就会认为既定观念仅是暂时的,而不会对它深信不疑,认为是不变的真理。

随着年纪增长,心智也会成熟,想法会更新,价值观会改变。如果数十年来始终坚持同一种观念,这才需要留意。

你所谓的豁达大度，不过是无力反驳

当额叶功能衰退时，一方面不容许别人批判自己熟悉的事物，另一方面对于不了解的领域却会照单全收。

大部分的人都会想成为心胸开阔、宽宏大量的成熟大人，让自己显得明白事理。当个豁达大度的人自然没什么不好，但那只不过是无力反驳罢了。

与人交谈或讨论时，有的人会在心中附和："嗯嗯，没错。"有的人则会产生质疑："真的是这样吗？是不是弄错了？"相较之下，后者的额叶功能更活络。

Part 2

举例来说，观看名嘴在电视上分析时事，若是认为对方讲得头头是道，就认为："原来如此啊。"这代表额叶并没有发挥太多功能。相反，若对这些人说的话能提出质疑："这个论点不合理啊。"这代表额叶正在发挥作用。

有些长辈为了让年轻人觉得自己是讲道理、能沟通的人，于是很少动脑筋反驳他人，因此额叶并不活络。如果当年轻人提出近乎强词夺理的反驳时，年长者能试着驳回，同样也能给予额叶一定程度的刺激。

谈到自己不了解的领域时，绝对不要对别人说的话照单全收，而要试着想一想："真的是这样吗？""这是正确的吗？"

导致情绪失控的因素之二：
不动脑

读者阅读本书后，印象最深的或许是书中一再强调额叶能掌控情绪这件事。但有一点请不要忘记，那就是额叶也是富有情感的大脑组织。维持头脑冷静固然重要，但是善用情绪也很重要。这里所说的"善用情绪"，指的是我们应该拥有足以感受到喜怒哀乐的感性。

例如心有不满，在公司跟上司发生争执，对定论提出质疑，看电影感动得掉眼泪等。人在面对上述状况而产生情绪化的反应时会有许多想法，额叶也会在此时发挥作用。如果是艺术家，便会将自己的喜怒哀乐投射至作品里，让它富有生命力。希望各位能注意到，这些行为同样也是额叶的作用。

人的大脑亦如肉体，必须勤于锻炼才能预防情绪老化，这一点不言自明。控制情绪应该可以像肉体一样，持续使用与训

Part 2

练学习便能预防老化。

人生中能令人感到欣喜的事不在少数。例如父母看到孩子的成长而感到喜悦；假日与另一半一起外出用餐而感到轻松闲适；或是在工作上表现抢眼，春风得意等。

此外，自己下场挥汗打高尔夫球，得到漂亮成绩时自然心情畅快；即使没有亲自上阵，只是在一旁观战，支持的队伍若是获胜，同样也会感到雀跃不已。又或者与知己好友、公司同事或默契十足的客户相互交流时产生的融洽气氛，这些都能刺激良好情绪的产生。

正向的情绪不仅有益于大脑，也会令人具有吸收新知的动力。实验证明，在轻松愉快的气氛中，学习兴趣将会提高，效率亦会随之增加。

情绪很奇妙，当老化达到一定程度时，若只给予一点点刺激，不会有多大的正面效果。也就是说，情绪受到的刺激减少，不但会使人无精打采，智力跟体力也会衰退。再说得极端些，情绪缺乏刺激会严重影响寿命。

因此，过了中年以后，必须多利用给予大脑刺激的方式，提振精神，如此才有可能让大脑继续维持良好的功能与发展。

怎样才算是动脑

日本人往往认为聪明的人应该上知天文，下知地理；欧美人士则认为聪明人应该具有独到的想法，善于发现问题。

日本虽然有不少知识渊博的人，但是他们的额叶可能很少发挥作用。换句话说，也就是其中一部分人缺乏创意。

大脑与身体其他部分一样，不使用就会变迟钝，因此，学校教育也必须着重锻炼额叶。

年幼的孩子固然需要灌输基本知识，以便将来可以独立思考，但随着孩子年龄增长，便需要接受能够锻炼思考能力的教育。现行教育的问题在于没有教导孩子该如何应用这些知识。

以日本为例，只要能读到高中，就可以学习到世界一流水

Part 2

准的知识，可是在大学并没有相关的应用课程，于是大学生仍接受近似填鸭式的教育，由教授灌输自身的观点与知识。

就我的观察，不少人出了社会后就不再吸收新知，可能是受到这种教育的影响。**知识如果仅止于"知道"的程度，那根本毫无意义，必须"实际应用"才有价值**。所以，我们应该学习运用知识去尝试新事物及解决问题。

如果原本就不懂得活用新知，再加上没有养成思考的习惯，更会觉得运用知识思考简直麻烦透顶。久而久之，会认为与其思考，还不如被灌输知识，还比较轻松省事。像这样，平时没有勤动脑，就会导致额叶功能越来越衰退，从此陷入恶性循环中。

当想法已定型成为惯性时，必须耗费一番工夫才可能有所改变。为避免这种僵化的情形，最重要的便是不要只注重知识储备库的广度，更要培养独立思考分辨的能力。

导致情绪失控的因素之三：动脉硬化

影响额叶功能发展的强敌有好几项，除了先前提到的神经传导物质减少和不动脑外，还有动脉硬化。从 40 岁起，动脉硬化造成的伤害会慢慢浮现。

日本人似乎对吸收与身体有关的新知兴味索然。或许是因为日本人生性保守，想法固执，也缺少灵活思考，难以摆脱既定观念。几乎所有日本人至今仍选择保守的医学疗法或依循旧有的保健常识管理自己的健康。

早在 20 世纪 50 年代至 60 年代，血压（收缩压）160 毫米汞柱（1 毫米汞柱 =0.133 千帕）左右的人常因为中风而死亡或半身不遂，但是现代很少出现血压升到 160 毫米汞柱血管就破裂的情形。如果是动脉瘤破裂引发蛛网膜下腔出血，则另当

Part 2

别论。否则的话，一般高血压很难会直接导致中风。

这是因为**现代人比过去摄取的蛋白质更多，血管较坚韧，不容易破裂**。所以，大家不需要像从前一样太过在意血压。

胆固醇也是一样。

一般人都知道血液中的总胆固醇过高，会增长心肌梗死的风险，但什么程度才算"过高"，则众说纷纭。如今即使数值高于从前，也不会有问题。

现在的健康观念已与过去大不相同，例如不可以太依赖药物，稍胖一点反而会较长寿，罹患癌症也不是非动手术不可。这些新观念当然并非全然正确，但若是最新研究成果能证实的话，可信度自然大增。一般来说，这些健康新知大多是由统计分析得出的。

至少对我来说，不会对旧观念持深信不疑的态度，能主动评估并分析其他观念的内容，才是大脑年轻的表现。但额叶功能若是衰退，便很难接受新的观念。

导致情绪失控的其他因素：
性激素

谈到左右情绪，激素的影响也不容小觑。

一般的更年期障碍，除了潮热、出汗多之外，还会出现持续焦躁不安、越来越恐慌焦虑等症状。

激素可调节体内特定组织及器官的生理活动，它由内分泌器官分泌，并通过血液在体内循环。激素的种类繁多，其中卵巢、睾丸等器官分泌的则称为性激素。

性激素与其他激素一样，分泌量会随老化而改变。从40岁左右开始，女性的女性激素、男性的男性激素会逐渐减少。而女性体内有微量男性激素，男性体内也有微量女性激素。女性的女性激素或是男性的男性激素减少，造成激素失衡所产生的种种症状，即称为更年期障碍。

Part
2

众所周知，除了女性以外，男性也会有更年期障碍。女性有停经这项重大的生理变化，因此较容易察觉更年期的状况；而男性没有这类生理变化，即使有问题，也不太重视。

然而，过了40岁以后，男性及女性都会出现更年期障碍，有时是受到激素失衡的影响，造成情绪低落与焦躁不安。

据研究得知，**女性体内的男性激素会随着年龄增长而增加。有些女性到了五六十岁时变得喜爱社交、活泼积极，也是这个缘故。**

男性则相反。由于体内的男性激素随着年纪越来越大而减少，他们会显得意兴阑珊，社交欲望减退。

男性年纪越大，可能越觉得与人交际是件麻烦事，也懒得学习新事物。

这种心境变化或许可以用"枯槁"来形容，也可视为情绪老化的表现。

有的人年轻时是精明干练的业务员，拥有争强好胜的个性，能轻易说服人的好口才，但在年过五十后，变得善于倾听他人说话，个性也沉稳圆融许多，又或者很喜欢聘用具有母性气质的人担任主管。这便是男性激素减少、女性激素相对增加所产生的性格变化。

近年来，延后退休年龄已是世界趋势，若因为男性激素减少而缺乏干劲，搞不好会被裁员。这也是时代变迁下无可奈何的情况。

男性激素中的睾酮的重要合成物质便是胆固醇。胆固醇值过低，会导致男性激素下降。胆固醇也是脂质的一种，摄取过多确实会引起动脉硬化，但是摄取过少也不好，所以还是要均衡摄取蛋与肉类。

Part
2

不要谈"性"色变

性激素由生殖器官分泌,与生殖方面的欲望有关。根据各项统计显示,从世界范围内来看,日本人性欲相对较低,对伴侣性冷淡的也相当多。

许多人到了四五十岁后,或许基于健康考量而不太吃肉,一般来说,这会使男性的性欲减退。其实这不仅会使性欲减退,连世俗欲望也会跟着下降。不论是工作还是人际关系,他们都显得意兴阑珊,对一切事物都感到无比厌烦,不仅意志消沉,整个人也显得毫无活力。相较于过往充实的人生,这种情况真是令人痛心。重视性激素对人体有许多好处。

研究显示,当年纪增长,不论是男是女,**男性激素多的人较不容易引起动脉硬化。**至于女性,拥有较多女性激素的人,则不容易罹患骨质疏松症。

总而言之，不管男性还是女性，年纪越大，自身性别所属的性激素越多，认知功能也越高。也就是说，**男性的男性激素越高，或是女性的女性激素越高，都越不容易因为老化造成智力水平下降。**

随着人类进入高龄化社会，明治时期（约1868年~1921年）人的寿命仅相当于现代人的70%。换句话说，从前的28岁，相当于现在的40岁；35岁相当于现在的50岁；42岁相当于现在的60岁；49岁则相当于现在的70岁。因此，过去年长者间遭人非议的"黄昏之恋"，以现代人的眼光来看仅是"中年之恋"。心态年轻、活力十足的长辈想谈恋爱，当然无可厚非。

日本至今依然认为性爱是"为了传宗接代的行为"或"不检点的行为"，但如果将它视为伴侣间的一种交流方式，年岁渐长后的性爱，也可以是促使人生丰富多彩的一项活动。

所以，性激素可说是具有使身体或脑部功能保持活力的效果。性激素分泌功能佳的人，除了性欲强之外，脑部也会相当灵活。

Part 3
掌控负面情绪的有效技巧

所谓"动脑筋",指的是给予大脑刺激。
就额叶来说,思考及尝试新体验便可获得刺激,
而且重要的是"要用自己的脑袋思考"。

Part
3

锻炼大脑，
就能掌控负面情绪

　　锻炼额叶究竟有什么好处？如前面所提到的，额叶功能好的人，面对各种情况懂得随机应变。而灵活的大脑，正是当今社会的重要资本。

　　商品销售便是最好的例子。

　　直至20世纪80年代左右，销售行业仍然处于黄金时期。从汽车、家电产品到生活用品，各种产品都卖得非常好，因此需要提高生产效率以增加产量。

　　但是到了20世纪90年代左右，商品已经供过于求，市场逐渐饱和影响销量。人人有汽车、家家户户拥有功能齐全的家电产品已是时势所趋。

这样的结果，造成市场需求减少、商品过剩的现象。当产品滞销，就不可能像过去一样只推出基本款，而必须动脑筋推陈出新，创造出前所未有的产品。

至于再往后的年代，已不再是"消费产品"，而是"消费'体验'"。销售的目的不只是让消费者购买产品，有时更是提供体验式的服务以刺激消费。像是在民宿体验采收农作物的乐趣便是一例。

由于流行趋势不断改变，销售方式必须顺应时下潮流。同样的，工作观念也要随之改变。

例如过去日本的制造业大多以技术指导的身份前往中国发展。然而，中国人如今成了大举前往日本"爆买"的超级大户，被中国企业并购的日本企业也越来越多。

在这种情况下，日本人不可能永远维持"是我们在教导你们啊"那种高高在上的倨傲态度。因而，这时就需要让额叶功能确实得到发挥，以便灵活调整合作。

Part 3

额叶功能不佳的人，会很难改变长久以来与人相处的模式，尤其是过去处于上位的领导地位，当角色对调，或昔日的优势不再时，会更难以调适。虽然不至于像武家商法[①]一样，对方明明是顾客，自己却摆出目中无人的态度，瞧不起上门的顾客，但不改变过去与人相处的模式也是行不通的。

未来必须比既往更懂得灵活变通，改变自己的观念与做事方式以顺应时代变迁。从上述这些方面来看，额叶功能对人类的重要性将有增无减。

---

① 武家商法：明治维新后，昔日高高在上的武士即使经商，也常因为放不下身段而失败。

锻炼大脑的
三个生活习惯

为避免涌上心头的焦躁与烦闷影响自己的生活,我们必须学会控制情绪。其中的关键便是前面提到的情商。想要提高情商,就要多运用额叶,让它保持活络。

① 深呼吸

举例来说,每个人都遇到过太紧张或压力过大而脑袋一片空白的情形,也就是处于思考暂时停止的恐慌状态。有一种说法认为,这是额叶处在窒息状态时所产生的现象。

陷入恐慌时,身边的人通常会要我们深呼吸。**通过深呼吸将氧气输送至大脑,帮助额叶的血液恢复循环,解除大脑空白的状态。**

Part 3

② 吃早餐

除了增加氧气改善额叶状态外,也必须摄取葡萄糖。众所周知,葡萄糖是大脑维持运作所需的唯一燃料。因此,如果血糖值下降,额叶将难以发挥功能。

有说法认为,人可以不必吃早餐,甚至还有人说吃早餐对身体不好。但是就血糖值而言,不吃早餐的缺点明显多于优点。

血糖值会在用餐后立刻上升,随后随着胰岛素发挥作用而慢慢下降。如果不吃早餐,直到吃午餐时才进食,血糖值便会从昨天吃完晚餐后持续下降,导致大脑在上午呈现饥饿状态。如此一来,大脑自然无法充分发挥功能。因此,**早餐一定要吃,这样才能使额叶处于最佳状态。**

③ 睡好觉

前面已提到,额叶功能与神经传导物质血清素以及男性激素的分泌量息息相关。为了让额叶功能正常运作,要培养规律的生活习惯。

因此，最重要的是晚上及早就寝，确保睡眠充足，隔天早上在阳光下醒脑。研究也指出，阳光可促进血清素分泌。

想让大脑维持良好状态，也必须注重基本的生活习惯，使身体保持最佳状态，这点毋庸置疑。

总之，有益于身体健康的活动，也会有益于大脑健康。

Part
3

给予大脑一定的刺激

基本上,身体功能是越用越灵活,大脑也是越用越灵光。

所谓"动脑筋",指的是给予大脑刺激。就额叶来说,思考及尝试新体验便可获得刺激,而且重要的是"要用自己的脑袋思考"。

另一项重点,则是不要受限于既定的观念。

一如孔子在《论语》中提到的"四十而不惑",每个人到了40岁,通常都会有自己坚信的观点,也自成一套人生哲学。但是这与"安于自己的既定观念"不一样。

拥有坚定不移的想法与人生态度,如果还能虚心倾听别人的观点,尊重他人的意见,并且将某些观点纳入自己的想法,借此修正错误,才称得上是"不惑"。

想要锻炼大脑，就要从 40 岁起勇于质疑既有知识，或者对所谓的"官方知识"进行反思。像这样，试着以前所未有的观点进行思考，同样也能刺激额叶。

既定观念充其量只是知识而已。如果只顺着既定观念或世俗看法思考，不过是从中汲取知识，并没有动用到额叶功能。唯有大胆逆向思考，提出不同的见解，额叶功能才会活跃。因此，做一个通情达理或者知识渊博的人，不一定能活络额叶。

话说回来，博学多闻当然是好事，但主动学习新知同样重要。问题在于人们常受限于所得的知识，摆脱不了根深蒂固的观念。若是能善用习得的新知，并勇于质疑既有知识，吸收知识才显得有意义。否则知识过多，反而浮泛而不深刻。

学识渊博仅代表颞叶的存取量惊人而已，能被消化的知识，才能成为智慧或创意。

Part
3

多尝试未知的事物

当我们在依样画葫芦、照本宣科时,负责控制情绪的额叶并不会发挥作用。

相反,当我们尝试不明确与无法预测的事物,或是挑战未知的体验时,额叶会十分活络。执行旧任务时,通常会因为熟能生巧而加快速度,但是大脑的运作区域会从额叶转移至顶叶及颞叶。换句话说,执行例行工作运用的是顶叶与颞叶。

一旦我们熟悉作业后,大脑自然会找到捷径,尽管做事速度加快,额叶却不再活跃,因为只是"复制""粘贴"单调而重复的模式,这样会妨碍额叶发挥作用。

处理不明确与无法预测的事物,或是尝试未知的体验时,难免会遇到困难,多多少少也有风险。而且,若是长期用脑过度，脑袋可能会筋疲力尽，陷入无法思考的状态。

然而，多动脑筋可以活络大脑。即使大脑或多或少会感到压力与疲惫，但是可以就此锻炼大脑。

反复做与过去同样的作业也许会被嘲笑为一成不变，可是这么做可以节省时间，压力也较少，相对来说倒是很轻松。只是，大脑越轻松，它的休息期也相对越长，反而会加速功能减退。

人们一旦进入中高龄，新的体验便会逐渐减少。至于工作上的新体验，顶多是来了新进下属，工作内容也少有新鲜感（不过，现在则未必如此）。

然而，试着改变想法，可在工作中创造新体验。举例来说，可以尝试使用新的数码工具，又或是更换不同的地点进行工作讨论。

除此之外，如果是职场的老鸟，也千万不要自以为是，倚老卖老。职场的资历越老，同事会因为敬重前辈而容忍和迁

Part 3

就，所以会向自己提出意见的人越来越少；再加上随着工作职位或社会地位的提升，身边顺从自己的人会越来越多，因而会自我感觉良好地自认为是明智的人，结果可能因此错过学习与进步的机会。

不少出自名校的高才生，由于日后疏于进修，人生也因此停滞不前。反观有的人自认为不聪明，但保持着"活到老，学到老"的态度，凡事保有好奇心，持续挑战新事物，生活反而充满热情与乐趣。

"好有趣！""我想知道更多！"我们需要像这样，常保强烈的好奇心。请趁着好奇心萌芽时，悉心灌溉，让它茁壮成长。

培养多元化的兴趣

日本有句俗语叫"滚石不生苔",认为没有定性、经常换工作或搬家的人,最后会无法获得地位与财富。"石上坐三年"也是同样的意思。

据说"滚石不生苔"原本是英国的谚语,但是这个说法符合日本人过去奉行终身雇用制的观念,因此成了日本的惯用语。

然而,如今的时代不能只"专注于一件事",同时投入到两三件事中也无妨。

事实上,"滚石不生苔"这句俗语在美国的意思完全相反,意指"活跃地参与多项事务才跟得上时代潮流"。此外,日本也

Part 3

有些年轻人无法体会"滚石不生苔"蕴含的日式意义，因而大多奉行它的美式意义。

就锻炼额叶这件事来看，我们应该采用美式的观点，也就是要多元涉猎，积极投入"第二件事""第三件事"。

所谓第二件事、第三件事，指的是对不同领域感兴趣；这可以成为你的休闲爱好，不一定要变成副业来经营。

例如，有人平时是名普通的上班族，但是对拉面如数家珍，或者是喜爱锻炼肌肉的程度堪比专业等级的健身达人。当本业受挫时，这些爱好自然可以发挥避险的功能，让你找到属于自己的另一片天地。因此，投入工作之外的其他领域，也有助于加强额叶功能。

人生顺遂的精英分子，诸如东京大学毕业的政府高官若是自杀，人们总是会说："一定是没有遭遇过挫折，抗压性才那么低。"但身为精神科医师，我认为这不是抗压性低的关系，而是"人生只知道这条路"，完全没想过还有其他路可走。

不论是做运动还是演奏乐器，如果拥有一项能让自己由衷喜爱的乐趣，即使在工作上严重受挫，或许还可以考虑转换跑道，让危机成为转机。

当然，这并不是要大家"凡事不要太认真""应该彻底钻研自己的爱好"，而是为了心理健康着想，不要让整个脑袋"只专注于一件事"。

Part
3

经常检查自己对情绪的
掌控力

　　不论是在家庭或是在公司里处理业务，很多中年者都是可靠的中流砥柱，表现十分活跃。但是在工作上，中年者常常夹在上司与下属之间的中层，对人对事都必须考虑周到；在家庭里，则得面对多样且复杂的夫妻相处、孩子成长、照顾父母等各种问题。

　　安然度过这段拥有诸多挑战时期的关键，便是不受情绪影响，冷静观察眼前的情况，思考该如何处理难题。

　　首要之务是确认自身的体力状况。关于体力衰退，有一份研究资料颇有意思。

　　我曾经读过一本书，提到了"最大摄氧量"的研究结果。

最大摄氧量指的是一分钟内所能摄取氧气的最高值,每个年龄层数值不同。一般来说,最大摄氧量数值越高的人体力越好,也就是不容易疲累。最大摄氧量在 20 岁时达到最高值,然后随年龄增长而减少,70 岁时即大幅下降。

研究指出,**持续进行健走或慢跑等运动的人,即使年届六十,依然能保有相当于 20 岁年轻人的最大摄氧量。**

其中,有跑马拉松习惯的中老年人,最大摄氧量甚至与只做慢跑运动的 20 岁年轻人相差无几。顺带一提,就算 50 岁才开始运动,最大摄氧量也能维持上升状态。

根据我长期诊治高龄者的经验来看,这项结果不仅适用于增强体力,或许也适用于大脑。

常用脑的人即使大脑萎缩,依然能维持一定的智力。大脑的萎缩情况与智力低落未必成正比。也就是说,如果不是罹患失智症等疾病,就算大脑萎缩,仍有可能维持及发展智力。

值得注意的是,日常生活中若达一年没怎么动过脑筋,大脑功能就会衰退得十分严重。换句话说,欲望减退会造成大脑

Part 3

功能下降。表面上虽然容易察觉欲望减退的情况，但如果是额叶功能衰退造成的，掌控情绪的能力也会在不知不觉间受到影响。

因此，若是在中年以后长期刺激额叶，即有可能避免这种伤害，并且得以维持及发展脑力，拥有慎思明辨的能力。

有越来越多人在中年后担任管理阶层时，常常发生无法妥善控制情绪的情况，或者做决策时自以为是、独断专行，因此被冠上"无法胜任管理"的标签，这就是额叶功能衰退所致。解决的方法，就在于自己是否能永远保持冷静，做出合理的判断。

如果有人说你越来越情绪化，你就要察觉，这可能是大脑老化所引起的，进而提醒自己在做决定前需有更完善的考量。有了这份自觉，至少代表大脑还能维持正常运作。因为失智症病患并不认为自己罹患失智症；额叶功能衰退的人，同样也不会觉得自己的想法是一意孤行。

这样吃，
可以让大脑保持年轻

大脑老化，大致来说是指额叶萎缩或衰退。若想对抗老化，日常饮食生活究竟能发挥多少作用呢？

日本的饮食习惯自 20 世纪 70 年代以后快速欧美化，引发不少肥胖问题，因此日本人常说"年纪大了要多吃粗茶淡饭"。饮食欧美化指的是饮食中含大量肉食与脂质。

而这个饮食问题的症结，在于摄取脂质含量多的肉食与暴饮暴食，而不是肉食本身。

请不要忘记，受到饮食欧美化影响而改以肉食为主的日本人，就是因此才变得长寿的。因为日本人的平均寿命在二战后才超过 50 岁。

至于欧美人的平均寿命，在迈入 20 世纪之前便已超过 50

Part
3

岁，也就是比日本早50年。这样看来，日本人是经由肉食增加蛋白质摄取量，因此提高平均寿命，这一点毋庸置疑。

随着年纪越来越大，尤其是到了六七十岁后，人们会自然减少吃油腻的食物。事实上，这是因为人的肠胃变得难以吸收油腻食物。但大脑维持运作也需要肉脂，所以不应偏废。

许多激素与脑内物质都会随年龄增长而逐渐减少，神经传导物质血清素的分泌也不例外。不过研究指出，如果适度食用肉类，从中摄取血清素的合成物质色氨酸，即可延缓血清素减少的速度。以下接着为各位说明肉食的好处。肉类摄取量高于日本本土人平均量的日裔夏威夷人或冲绳县人，比日本本土人的平均寿命更长。他们吃的肉比本土的日本人还多，结果反而更长寿。就基因背景而言，日裔夏威夷人比冲绳人更接近日本本土人，由此可见，气候或食物对人寿命的影响甚大。

因此，即使是中高龄者，也需适度摄取肉类。关于这一点，有些人不免担心脂肪的问题，但是研究已证实，稍微丰满的人最为长寿。也有研究指出，脂肪有助于增强免疫功能。

另一项可经由饮食摄入防止老化而备受瞩目的成分，便是抗氧化物质。长寿地区的人经常食用的有助于预防老化的食物中，就富含抗氧化物质。

身体与铁一样，一旦氧化就会生锈，也就是造成老化。抗氧化物质就是能抑制氧化的物质。

最为人所知的典型抗氧化物质有维生素 C、维生素 E、β 胡萝卜素等。含有这些成分的食材大多是水果与蔬菜，而这些食材在流行病学研究权威看来，同样对长寿贡献卓绝。欧美各国更盛赞大量食用蔬菜的日本饮食为健康的饮食。日本人不论男女皆健康长寿，便是最佳证明。

也就是说，日本原有的饮食中本来就已富含抗氧化物质，再加上受到欧美国家的影响而多吃肉类，平均寿命因此快速增长。

像欧美人士那样一天吃 200~300 克的肉，确实有可能造成问题，但适度食用肉类，据知对大脑的确是有帮助的。

Part
3

爱做梦的人，
情绪不易老化

如果表现得幼稚一点也没关系的话，那我很希望能在生活中全心全意"做梦"。

虽然我已是中年人，但所有认识我的人在得知我的实际年龄后无不惊呼："你看起来好年轻哦！"去参加同学会时，每个人也都会惊讶地说："你都没变啊！"或许这只是客套话，但是我自己分析的结果，应该是我平时就借着"爱做梦"来刺激额叶所致吧。

高中时，我的梦想是当电影导演。后来知道拍一部电影需要大量资金后，就想改当医师，我觉得那是可以赚大钱的职业。我的导演梦最终在47岁拍第一部电影时实现了，现在，我依然天马行空地梦想着下一部作品。我认为，我确实是因为有梦想，所以才能全心投入工作。

在我看来，"放弃梦想"或是"没有梦想"的人，感觉会比一般人老得快。

曾经有朋友和我一样想当电影导演，他后来成了普通的上班族，为了在公司安身立命与成为整个家庭的支柱而疲于奔命，昔日的梦想仅成往日的回忆。他的外表看起来确实与年龄相符，或者还更苍老一点。

我不觉得"人要勇于追梦"是我个人的偏见，不知各位有什么看法？

我的确深深觉得，梦想、希望及创造力与额叶的功能息息相关，持续追梦不但可刺激额叶，也有助于预防情绪老化。

当然，现在，你只要专注于编织当下的梦想。"希望有一天能在英国知名球场打高尔夫球""退休后，想开露营车环绕日本一周"。诸如此类，想必各位都有这种类似放手一搏即可实现的梦想。

Part
3

此外,实现了梦想固然可喜可贺,全心全意朝着也许永远无法达到的梦想前进,或者通过编织各种梦想给予大脑正向的刺激,虽然仅仅是做美妙的白日梦,但这不也是一种幸福吗?

我相信只要朝着梦想努力前进,一定可以延缓情绪的老化。

人生，要有点欲望

越来越多人认为，现代人与其照着兼好法师[①]在《徒然草》中所言，过着无欲无求的恬淡日子，还不如好好思考如何面对自己无止境的欲望。

这么说也许会令人误解，但我觉得人到中年后，不妨诚实面对自己的欲望，因为欲望是生存所需的能量来源。

精神分析学的开山始祖弗洛伊德将"引导性冲动的能量本源"称为"力比多"（libido）。他的学生荣格将力比多解释为"一切本能的能量本源"（不仅是性）或"生命力的源泉"。

[①] 兼好法师：《徒然草》作者，本姓卜部，居于京都之吉田，通称吉田兼好，随笔作品《徒然草》完成于1330~1331年，与清少纳言的《枕草子》、鸭长明的《方丈记》合称日本三大随笔。

Part 3

　　弗洛伊德将潜意识的欲望以及引导欲望的力比多比喻为马，理性中枢的自我（ego）则相当于骑士。根据他的说法，年轻的马精力充沛，但是随年龄增长，动作会变迟缓。骑士并不会跟着马一起变老，而是懂得掌控动作变迟缓的马匹，人马合一则默契十足。在此，骑士的作用即相当于额叶。

　　能量源下降时，各种欲望也会随之减退。当控制欲及事业心、性欲减退时，也会令人觉得了无生趣。然而，即使"马"的动作变迟缓，只要"骑士"控制得宜，还是可以"人""马"彼此合作无间，不会因为欲望减退而抑制额叶的作用。

　　与其自认为"都已经一把年纪了""这种想法实在太龌龊了"而过度自我压抑，倒不如释放欲望。没必要太过压抑大不如前的性欲，只要不违反道德和风俗，不妨自由享受恋爱的感觉。

　　当然，也无须压抑想吃肉的欲望。吃想吃的食物，也是一种快乐的体验。这种体验不仅有益于身体，也能提高免疫功能。反过来说，不愉快的经验或压力则会造成免疫功能下降。为了身心健康，我诚心建议无须过度克制欲望。

掌控情绪，从来都不靠忍

本书的主题是如何控制情绪，但是在此稍做说明，我的本意并非让读者认为要尽量没有任何情绪起伏。

如第二章所提到的，情绪应该适度控制，而不是全然消除。如果与所有情绪脱钩，往后的人生会比接受额叶切除术的人（就连他们也都还有情绪！）更体会不到任何感动、乐趣与喜悦。

拥有喜怒哀乐的情绪并不是坏事。即使是愤怒，也是人类不可或缺的情绪。有理由的愤怒属于健康的情绪，不同于莫名的焦躁感或止不住的怒火。

若是对提出糟糕政策的当局感到愤怒，可以持反对意见，

Part 3

或者用选票传达不满。又例如上司或同事若做出违反社会秩序的行为，可以基于反对不公不义原则直接向公司高层举报，也可以因为愤怒而提出切合实际的建议。

透过宣泄怨怼不平的情绪，有时还可能因此开启新的创意或商机。

我最感到愤怒的是马路没有设置左转专用车道与左转信号灯（日本靠左行驶）。好不容易在堵车的十字路口等到信号灯变绿灯，前方等待左转的车辆却总是为了等候行人走完才能转弯，这样一耽搁的结果又是动弹不得。明明可以视情况穿过行人行列，信号灯又在等候一长串行人通过之际转成红灯，使得车阵仅仅只能前进几米。

美国的右转专用车道即相当于日本的左转车道，原则上红灯也能右转，因此几乎看不到车道堵塞的情形。日本或许是因为车道狭窄的关系，但我认为应该多设置几条左转专用的车道，左转信号灯若是在会车右转时变绿灯，便能大幅疏解交通堵塞。

心中若是有类似的不平之鸣，也许可以利用陈情或沟通渠道提出建议，对方即有可能因此采纳你的意见。如此一来，满腔怒气或怨怼不平也能成为极具建设性的建议。

换句话说，不要压抑情绪，而要将这股能量用正确的方式加以宣泄和表达。谩骂与暴力便是错误的发泄渠道，有时即因此反遭怨恨，或引发骚扰、霸凌等问题。

上司之所以对下属破口大骂，有时最大的原因便是上司没有注意到自己的怒气。如果大脑的一部分能自我抽离，站在局外冷静观察这些情绪，以及情绪带给我们什么样的感觉，便有可能适时修正。

因此，主管在对下属发飙后要试着调整心态，立刻采取补救措施，或者冷静下达新的指令。

拥有情绪是人类的自然反应，值得思考的是该如何表现，所以要随时注意自己是否在以错误的方式表达情绪。

我也相信，比表达情绪更重要的是学着适时调整心态，不要无时无刻受情绪影响。

Part
3

提升刺激的层次

欲望减退会使人意志更加消沉，也容易使人变得被动，不再积极向上。看电视就是最被动的行为之一。

电视这种媒体，与其说是自己想获取资讯而主动观看，实际上大多是观众被动地接收播放的信息。只有"选择电视节目"才是主动的行为。

如果只把电视当成大众传媒，懂得以质疑的态度观看播放的资讯自然没有问题，但是大多数的情况，人们都是对电视节目的内容照单全收。或许这是因为人类这种生物容易陷入"懒得思考"的状态，处在有答案的环境会感觉如释重负。

有人会对电视节目的内容照单全收，也有人认为"电视节目很无聊"而不屑一顾，只愿意偶尔看看新闻节目。不论是哪种情形，人们都很容易陷入"懒得思考"的危机之中。

有人会固执地认为："电视节目应该这样做。"因而无法灵活思考到："原来这世上还有不一样的观点啊。"不要以为答案只有一种，而要以开阔的心胸接受各种说法，如此才能促进大脑活络。

年纪越大，人生经验越丰富，对许多事情就多少都会习以为常，见怪不怪了；再加上额叶逐渐萎缩，已经很难像年轻时因为小确幸就心满意足。我们感到有趣或感动的事物越来越少，原因就在于不容易接受新的刺激。

然而，不管年纪多大，遇到真正有趣的事物应该还是会不禁莞尔。

能够理解笑话或幽默表演的感性，会随年龄增长而变迟钝。唯有接触水准更高、刺激性更为强烈的事物，才有可能令自己再次感动。

提升刺激的层次，可促进额叶功能，轻易吸纳新的知识。因此，不妨深入探究自身感兴趣的领域，喜欢美食就从食物着手，喜欢艺术品就从艺术品着手，喜欢运动就从运动着手。多接触高水准的事物，刺激大脑。或者也可以考虑多花一些费用，试着寻找其他乐趣。

Part
3

已经是大人了，别让大脑还像个小孩

如上一章所提到的，相较于过去人们更多重视多读书、吸取大量知识，如今的时代已转变为看重思考更胜于获取新知。相信未来的发展趋势也是如此。

这是一个资讯暴增的时代，我们获取的知识量也急剧增加，当前可说是考验"认知成熟度"的时代。"认知成熟度"是指分辨暧昧不明的能力，也就是能理解非黑即白以外的灰色地带。

人们在小时候只能理解具体的概念，随着年纪增长会提升认知成熟度，进而逐渐了解抽象的概念。

例如药物，少量服用可改善身体状况，但是摄取过量就成了毒药。此时便需要运用认知成熟度，帮助自己厘清"药"与"毒"的界线，了解适量的范围在哪里。认知成熟度低的孩子因为还无法理解"药"与"毒"的界线，所以父母必须把药物收在孩子拿不到的地方。但随着孩子认知成熟度提升，父母只需告诫孩子必须按照医师指示服用即可。

以另一个观点来看，认知成熟度也指能从各方面评估并分辨对方是敌是友、是好是坏，而不是仅看单一表面。

虽然目前还不清楚额叶功能是否会影响认知成熟度，但我认为两者有可能相关。

纯粹获取资讯并不会提升认知成熟度。"原来还有这种想法啊？""事实真是如此吗？""真是有趣的观点啊。"随时保持这种心态，才能提升认知成熟度。

Part 4
保持正面情绪的有效技巧

有些事物具备不确定性的要素,
难以预测下一步的发展,也没有前例可循,
但是处理这类事情可以刺激额叶功能。

Part
4

多刺激自己的笑点

上一章提到了预防情绪老化的基本方法,本章会进一步说明养成具体的生活习惯后,可以做到哪些事,又会产生哪些优点。

大家在读完本章后应该能获益良多,找到在日常生活中锻炼额叶的方式。

首先,就从刺激自己的笑点开始说起。

举例来说,参加电视节目《笑点》[①]录影的观众,以及前往

---

① 《笑点》:1996 年起播放的长寿综艺节目。由数名单口相声"落语家"在台上轮流说笑话。

大阪难波花月剧场的客群大多是60~70岁的长者，每个人在台下都被逗得捧腹大笑。看了这些观众的反应，即可明白根本没有"老人家因为感觉变迟钝所以不爱笑"这回事。即使已年届高龄，只要给予刺激，加强额叶功能，一样可以天真烂漫地开怀大笑。

表演双人相声时，表演者通常分别担任装傻与吐槽的角色。负责装傻的人总是说一些有违常理的话，故意不按常理出牌让观众大吃一惊。负责吐槽的人就会立刻说："为什么？""怎么可能？"将场面拉回正轨。

认为不按常理出牌的话语是"有趣的想法"而发笑，表示感受能力还很年轻，也可以说是额叶十分活络。

举一个《笑点》里的奇问妙答为例。

"如果把首都从东京迁移到福岛的郡山，会怎么样？"

《笑点》其中一位演员回答说："福岛县民谣《相马盆呗》就会变成国歌。"另一位演员则玩了方言哏："福岛腔会变成标准话。"

Part 4

各位觉得如何呢?这些问答以文字呈现或许不觉得有趣,但是想象一下相声家说学逗唱的场面,应该会令人发噱吧。

反过来说,如果有人听到"《相马盆呗》会变成国歌""福岛腔会变成标准话"的反应是"讲什么无聊的鬼话啊",就表示他的额叶功能不佳。

相反,能对笑点产生共鸣而觉得"好有趣"的人,表示额叶功能还不错。

额叶具有转换思考模式的功能。即使平时很少让额叶发挥作用,也要刻意多多运用,借着转换思维跳脱既有常识,并运用灵活思考展现创意发想。

此外,也不要对任何事情都抱着"绝不可能"的固执态度,要让想象力更加丰富,才能对凡事都保持赤子之心,感到新奇有趣。

试试投资或投稿

由于投资股票很难预测结果，因此对于锻炼大脑有绝佳的效果。以下几项重点，可提高锻炼大脑的成效。首先，要事先搜集资讯。为了获得最佳投资回报率，必须广搜各方资讯，并详加分析，归纳出自己的一套投资理论。

这种方式也能运用在平时的工作上。年过四十以后，除非工作内容是从无到有开发新产品，否则很少需要搜集资讯。但是投资股票一定要不断深入研究与分析，所以能时常锻炼大脑。

投资股票有助于活络大脑的另一个理由，便是不论结果如何，都令人感到紧张刺激。这也是很难在平日工作中体会到的感受。当紧张刺激的感觉成了快感，产生的风险就是投注的金钱数量越来越庞大，不过，若是规定自己每星期下注的金额上

Part 4

限，风险就会减少许多。

总而言之，在自己能负担的金额范围内，或者在可用的资金额度内投资股票，将有助于预防大脑老化。

基于用脑的观点，投稿至报社，写信到广播公司等大众媒体也是非常有趣的事。现在是网络时代，大部分人都能通过网络发表意见，但投稿后看到自己的文章刊登在报纸上，或是由电台DJ念出来，仍会令人非常兴奋。

仔细阅读报纸或收听电台节目，会发现投稿获得青睐的都是熟悉的名字。报社或电台里挑选稿件的人，虽然想尽量传达不同的意见，但是负责筛选的似乎是同一人，挑中的稿件也始终出自同一人。

成为投稿常客的人，因为了解报社及电台的喜好，写稿时也都会投其所好吧。

不过，借由分析投稿趋势以增加录用概率，同样能锻炼大脑。一般来说，迎合大众的意见固然讨喜，写些稍微与众不同的意见也很容易被录用。总之，思考投稿内容即可让额叶发挥功能。

运动和做饭的功效

想要体验紧张刺激的感觉，运动是项不错的选择。

诸位读者不妨试试中高年龄者最喜爱的运动——高尔夫球。但是不要一直打同样的球道，而是多尝试变换各种不同的球道。老是打相同的球道，会减少动脑的机会。

近年来大受欢迎的慢跑与马拉松也不错。跑步时需要思考如何配速，也必须拟定战术，才能在比赛中胜出。因此，跑长程马拉松其实比想象中更费脑筋。

不少公司的大老板选择慢跑与马拉松的原因，除了它们有益健康之外，大老板也认为这是一项有趣的知性运动。

烹饪同样是不错的头脑体操。烹煮美味的菜肴之余，再根

Part 4

据共享餐点者的喜好挑选配菜的红酒,给对方一份惊喜。像这样,在动脑的过程中可刺激额叶。

如今不管是越南菜还是土耳其料理,但凡世界各地的美食全都可在自己的国家轻易享用得到,如果在外用餐吃到美味的菜肴,也可以考虑自己下厨重现,或者试着在常吃的菜肴里添点变化,如"这个味道可以和日本料理的某个食材搭配看看"。

至今依然有不少男性存着"君子远庖厨"的观念,认为家事远不如公司里的工作重要。但烹饪正是最富有创造力的事之一,希望各位能明白这一点,主动挑战看看。

另外,请朋友来家里做客,并亲自下厨招待,更能凝聚彼此的情感及拓展人际关系。

别急着回家，
享受绕远路的乐趣

以上列举了防止情绪老化的方法，例如刺激笑点、投稿、运动和烹饪。后面几项的共通点是"激发竞争心"，尤其是赌博与运动，相同之处便是其"不确定性"。

有些事物具备不确定性的要素，难以预测下一步的发展，也没有前例可循，但是处理这类事情可以刺激额叶功能。

一旦进入中年或迈入高龄，由人生经验累积而成的"晶体智力"即有增加的趋势。所谓晶体智力，指的是根据过去的学习经验建构而成的判断力与习惯，也就是一般所说的"智慧"。

运用智慧能合理且有效率地执行既有的工作，与此同时，由于过于熟悉，对各项事务的专注力也会因此下降。

Part 4

在工作方面，如果是一直在做的业务，原则上都可以驾轻就熟，做得完美无误，却也因为已经可以预知结果而难以乐在其中。尽管如此，当遇到无法预测的突发状况时，仍可以激发肾上腺素，刺激情绪。

例如，可以趁出差时绕去别处走走看看。即使要参加一场重大会议，但是最多也不会超过两三个小时吧。利用开会前后去其他地方逛逛，应该不会太麻烦。不妨顺便去之前没去过的地方走一走，因为陌生环境充满了未知与不确定性，可以刺激五感，让自己跳脱一成不变的生活环境。

过去前往北陆出差，因为路途遥远，总是得留宿一晚；自从新干线开通后，已能当天来回。虽说如此，建议大家在结束当地的工作后不要立刻踏上归途，可以在途中下车逛逛，如果前后日子正巧碰上连假，也能留宿一晚，给自己放几天假。

做事按部就班、拟订计划固然重要，但长久下来会使额叶功能越来越僵化。搭乘飞机或坐新干线虽然是最节省时间的路径，但偶尔也可以试试巴士或出租车。

搭电车时如果买了可不限次数搭乘的"青春18车票",便能随时在途中下车走走。一般人往往认为这是适合年轻人使用的车票,但其实各个年龄层的人使用这种车票都很划算。自己租车也方便在附近绕绕,想去哪里就去哪里。

光是探索各种可能性,就能有效锻炼额叶。

Part
4

读与自己想法不同的书

不要因为别人的意见与自己的想法不同而固执己见，接触不同的观点反而能刺激大脑。

如果是社会大众关注的议题，坊间都有正反不同论述的相关书籍。例如赞成或反对核能、赞成或反对死刑制度、赞成或反对宪法修正、重启核电是对是错，所有议题都有正反两种不同声音。

面对这些议题，不妨阅读与自己的观点完全相反的书籍，这样能预防经年累月、一成不变的想法僵化额叶功能。

即使没有阅读的习惯也没关系。例如某位艺人因为外遇引发热议，成了娱乐八卦节目炮轰的对象，这时可以假设自己是律师，试着为之辩解。

此外，也可以尝试评论某位当权政治家的经济政策。不要让自己的想法落入既定窠臼，要试着倾听不同于自己情绪化判断的意见。

像是在看书时，不要对作者所谓的"反美"或"反韩"观点照单全收，而是在阅读时提出质疑："这样说太武断了吧？""如果自己是美国人或韩国人，读了之后会有什么感想？"

在人际关系方面，不要总是与想法相近的人聚在一起，例如公司同事，应该多找机会认识不同领域的人。

在职场上也不要老是与年龄相仿的人相处，不妨多认识比自己年长或年轻的人，感受彼此间的代沟。这种另类"格格不入"的感受，同样能刺激大脑。

有机会也可以和学生时代的朋友碰个面。自高中或大学毕业后，相隔数十年再聚首，若是各自在不同的领域发展，想法与观点应该会大相径庭。求学时期居住的地点和现在不一样更好，因为想法与感受会随着居住环境不同而有差异。

Part 4

　　世代间的鸿沟与地区性的差异会让彼此产生不同的想法，这些与自己想法相左的体验未必有趣，对方的意见有时也会让自己怒火中烧。不过，学习如何冷静面对不同的声音，同样能刺激大脑。

　　总而言之，可尝试与多元文化交流，跳脱自己的舒适圈，处在有些紧绷、有点格格不入的环境里，借此不断提升自己的见识与胆识。

对不认同的
规则提出反驳意见

日常生活中充满了各式各样的规则，每个人都须遵循这些规则，并以各项规范为前提，让所有事物得以有效率地运作。然而，光是这样做并无法刺激额叶，我们必须随时对既有规则提出质疑。

举例来说，开车超速会收到罚单。这是现行道路交通法规的规定，超速自然无可避免会被扣分或罚款。但是对警察稍微表达自己的意见，应该还不至于吃上妨碍公务的罪名。以下是我想到的辩驳。

"关于高速公路的限速，名神高速公路的最高限速是在昭和三十八年（1963年）通车后设定的，这么多年来完全没改

Part 4

过。日本当时能飙出时速 100 千米的汽车少之又少，事实上，当年这种速度会严重影响车辆行驶的稳定性，所以才规定了限速。

"可是现代汽车的性能日新月异，能以时速 100 千米平稳行驶的稳定性早已不可同日而语。然而一些高速公路的限速竟然下修到时速 80 千米，不是很可笑吗？

"再说这几年来高速公路车祸死亡的肇事原因，大约四成是因为驾驶分心，约两成是驾驶时打瞌睡，超速的案件反而只有 5%。从这一点来看，我不禁怀疑高速公路的法定限速定在时速 100 千米是否恰当……"

姑且不论我会不会在警察面前真的搬出这一套说辞，光是在脑海里构思辩驳的内容也很有意义。事实上，据说新东名高速公路的限速总算要调高至时速 120 千米。

因此，不妨对你不认同的事情提出质疑："事实真的是如此吗？"试着对此做出合理的反驳，可活络额叶的功能。

总而言之，不人云亦云更能锻炼额叶。把别人的意见当成自己的意见，不用再动脑筋思考或许乐得轻松，却没有机会运用大脑。就这点来说，想要锻炼大脑，不如重新省思现有理论或既定观念究竟是对是错。

Part
4

知识不仅要输入，更要输出

当我有幸与撰写畅销书《这样思考，人生就不一样——早知道该多好的思考整理术》而闻名的语言学家，同时也是评论家的外山滋比古先生见面时，有一件事令我印象十分深刻。外山先生出语惊人地说：**"年过五十后，就算不念书也没关系。"** 其实，他真正想表达的是：**"年轻时已经输入够多东西了，接下来要努力输出。"**

如今有越来越多的人了解到，额叶在"输出"时更能发挥作用。例如在朋友的聚会上快意畅谈、写博客、投稿给报社等，不管采用哪一种形式将脑袋里的想法抒发出来，这些过程都有助于刺激额叶。

输出的内容不要老生常谈，要打破一般常识，以独到观点及切入角度发表意见。

只要稍微改变一下既定观念，就能促进额叶活络。仅仅发表已知的知识，在网络时代已不吃香。因此，为了大脑健康着想，要尽量当一个输出型的人。请务必记住，不要只输入知识，唯有输出意见才能刺激大脑。

Part 4

养成这七个生活习惯

前面提到了让额叶发挥作用的具体生活习惯，在此汇整为锻炼额叶的七个生活习惯。平时要养成习惯，才能将锻炼额叶落实于日常生活中。只做自己会的项目也无妨，请务必提醒自己养成这七个习惯。

① 让身体动起来

人只要活动，就会产生变化。当自己有所行动时，看待外界的观点也会随之改变；当周围的人改变对你的态度时，你会发现所处的现实环境也会跟着改变。

产生变化时，情况当然不会总是在预料范围内，也许会发生意想不到、令人措手不及的事，这难免会令人深感不安。

或许有人会心想："要是发生状况，而且是不好的事，该怎么办？"不过，担心太多会使自己裹足不前，总是抱持负面想法，好事当然也不会发生。

变化总会伴随风险，俗话说："不入虎穴，焉得虎子。"请务必谨记在心。

② 尝试"能立刻解决的事"和"喜欢的事"

遇到不擅长的事或感到焦虑的事情时，难免会觉得棘手，前途无"亮"。但其中一定有"能立刻解决的事"。试着找出"我可以马上做"的事情，一鼓作气地完成，也能顺利推动其他事情的进展。

此外，尝试从"喜欢的事"和"擅长的事"着手。做喜欢的事情时，因为乐在其中，成果自然可期。即使没把握会成功，也可以抱着放手一搏的心态，勇于挑战，告诉自己："失败是理所当然，成功那就更幸运了。"

在此建议尝试自己擅长的领域，不仅成功概率高，也能激发热情。即使只获得小小的成功，也能让你在做其他事情时更有自信。请以此为目标试试看。

③ 学会"依赖别人"

"依赖别人"这种想法，在现代社会不太受欢迎，但实际上它很重要。能在公司出人头地的人，几乎都擅长"依赖别人"。

比如，当工作能力提升时，需要处理的事情也会跟着增加。过去常做的事情已经不必亲力亲为，可以交给其他人处理。如此一来，就能专心处理只有自己才能执行的部分，因此得以成功完成大案子，进而升职加薪，更上层楼。

交付他人即等于依赖别人。能在工作上获得成就的人，同样擅长依赖别人。重点在于该仰赖谁。所以平时就必须先找寻值得信赖的人，尤其是值得信赖的"讨论对象"。在处理自己不擅长的领域时，更需要如此。

而且，要有度量容纳"能对自己说不同意见的人"。人往往会在全心投入某件事时忽略风险。而"旁观者清"，他人可在一旁冷静地看清现实，提供极为有用的建议，进而趋吉避凶。

此外，别人的意见也能让自己冷静下来，不贸然冲动。退一步重新检讨，反而会想出好点子，激荡出新的想法。即使是自言自语也无妨，总之要"说出来让自己听到"。厘清想法后，可以找任何人讨论，表达"我想这样做"的意图。这时一定会出现正反不同的意见，不妨趁这个机会再次审视自己的想法，提高可行性。

值得注意的是，没有人会因为别人信赖自己而觉得心情不好。

我有两位朋友在同一家公司工作。其中一个很会撒娇，遇到事情会向别人请教，并且照对方的建议顺利完成任务。另一位则生性古板，总是闷着头默默做事，尽管给人的感觉是认真踏实，但是连犯一点小错都会害怕，因而裹足不前。

至于哪一位比较吃香，自然是会撒娇的那位。由于备受疼爱而获得同事倾囊相授了不少工作技巧，工作能力也深受肯定。

Part
4

④ 该休息就休息

日本白领阶层的生产力在先进国家中算是相当低下的。据分析指出，这是由于长时间工作所造成的。带薪假的休假率在先进国家中也屈居下位，可以说日本人处于过劳的状态。

包括加班时间在内，假设 10 小时内能做 100 件事，若是扣除可提升工作效率的 2 小时休息时间，即表示 8 小时内可以做 100 件事。只要能提高工作效率，仅仅拨出 10 小时中的 20% 来休息，应该不成问题。

又或者提早 2 小时下班，让自己隔天神采奕奕地投入工作，仍有可能提高两成的工作效率。

大脑会在睡眠期间巩固记忆。众所周知，睡眠不足会使读书效率变差。与其熬夜缩短睡眠时间，不如睡饱后再早一点起床，利用短时间集中注意力读书，更能提升效率，加深记忆。

大脑也是身体的一部分，与身体的状态密不可分。因此，充足的睡眠可让身体与大脑维持正常运作。

到底要睡多久才够？这个问题的答案虽然因人而异，不过，一般来说，一个人一天需要 8 小时的睡眠。即使难以睡到 8 小时，至少也要睡足 7 小时。

⑤ 从失败中汲取教训

不必认为失败都是自己造成的。而且即使失败了，也不要想着逃避，首先要冷静沉着，好好从失败中汲取教训。如果能沉着面对，即表示控制情绪的能力相当不错。

不论是工作还是念书，遇到挫折难免会产生负面情绪，并且焦虑地想："考试如果不及格，该怎么办？""挨上司骂了，我是不是要被炒鱿鱼了？"然而，相信不少人都会在事后发现，这些想象实际上大多是杞人忧天。

我也有过不少失败经验。这时候我会好好反省："失败是理所当然，成功才是走好运。""因为方法错误才会失败。"或是"太坚持己见，不愿尝试其他方法所以才惨遭滑铁卢。"只要懂得虚心检讨，一定会从失败中学到许多。

一般认为，能这样想的通常是生性乐观的人，但实际上未必如此。凡事都需要通过训练才能熟练，平时若是从小事开始

Part
4

练习转念的能力，当习惯成自然，便能保持乐观的心境。

⑥ 不要随便批评别人

当人受到情绪影响时，心里所想的往往就会脱口而出。奇妙的是，一旦话说出口，确实会感到无比畅快，所以才有"把快乐建立在别人的痛苦上"这句俗语，又或是借着说别人坏话而得到快感。

有一点请注意，"说坏话"与"批评"是两回事。说坏话不可取，出言批评则可慎行。

说坏话大多是连同对方的个性、长相等难以改变的部分都大肆抨击，又或是发泄情绪。这样只会互相扯后腿，对自己与对方都没好处。对于随便口出恶言的人，把他当成自卑心作祟就好。这种人的嫉妒心也十分强烈，由于言行举止受到负面情绪影响，在得不到别人认同的情况下，也无法接受别人的意见。

至于批评的原则，是当对方的方法或观念已偏离原本的目的，因而对此提出具体的意见。

然而，即使是站在为对方提供意见的善意立场，在批判之前仍要冷静思考。可以不加以批判自然是最好的，毕竟肯虚心接受批评或坏话的人并不多。

请务必注意，痛快淋漓地批评对方，极有可能在不知不觉间演变成口出恶言。做个聪明的人，懂得掌控情绪而"擅长赞美"吧！

⑦ 不要认为"模仿别人"是坏事

人们一般对"模仿别人"没有好印象。从东京奥运会会徽引发的问题①来看，大家对此反应过度，或许就是基于这样的观念。

不过，模仿真的是很糟糕的事吗？以我和许多不同领域人士相处的经验来说，越优秀的人越不会坚持独树一帜，反而愿

---

① 东京奥运会会徽事件：2020年东京奥运筹委会宣布撤销2015年7月公布的奥运会徽，理由是"T"字形会徽遭指控与比利时列日剧院标志雷同，疑有抄袭之嫌。

Part 4

意学习别人的长处。

我绝对不是在炫耀，但我当年是应届考上东京大学。不是因为我特别厉害，而是学习擅长读书的前辈及同学的方法。我准备考试的读书方式，绝不是自成一格，而是通过借鉴来提高读书效率，进而获得好结果。

相反，有的人则因为坚决不模仿而停滞不前，再也无法进步。

我有一位朋友想当职业高尔夫球选手。他每天都去练习场练习，每星期都参加比赛以累积实战经验，对于高尔夫球的知识一点也不输于职业选手，练习的次数也比照职业选手，甚至更多，但他始终坚持按自己的方法训练。

因为这个缘故，他的成绩好几年都没进步。另一位朋友看不过去，送他一本分析泰格·伍兹球技的书籍，劝他从中学习高手的技巧。可是他不以为然，甚至把书转送给别人。他的理由是"我的体型和球风跟泰格·伍兹完全不同，参考也没用"。这位朋友的球技后来也一直没有进展。

我认为不管是念书还是工作，也要找到合适的学习榜样。即使对方的成就远非常人所能及，也不要妄自菲薄。努力的过程可能并不顺利，既然采用自己的方法处处碰壁，不如观察并仿效别人，获得成功的概率可能会超过现在。

总之，先从改变观念做起，不要认为"模仿别人"是坏事。模仿成功者的行为，直到你真的成功。

从"旁观者的角度"看自己

请根据前面文章所介绍的七个习惯，检视自己的日常习惯。如果能分析出自己擅长与不擅长的事情，即可迈出成功的第一步。

再者，要培养自我检视的能力，例如，自己的想法是否偏颇？是否能从客观角度检视自己？

认知心理学将此称为"后设认知"。后设认知能力强的人，能了解自己怎么做会变得更好。换句话说，这样的人懂得改进自己的个性。这无关能力，不如将它视为一种态度。

以下列举几项重点，请各位一一确认自己的心态是否有所偏颇。

——你是否受情绪影响而做出错误的判断?

——目前所处的环境(职务等)是否会影响自己的心情?

——过去的体验与知识是否会影响自己?

——你是否具备必要的知识与体验?

——你是否经常分心,注意力不集中?

通过自问自答了解自身的心态,反躬自省,让自己变得更明智且谦逊。善加运用后设认知,即可妥善控制情绪。

Part 5

不是没有情绪，
而是别被情绪左右

情绪原本就有起有落，
没有人可以一直开心充满正能量，
你必须允许自己有心情低落的时候。

Part
5

你的坚持，一文不值

除了借助额叶功能外，也可借由调整心境与想法有效控制自己的情绪。本章将介绍不让情绪影响心境与想法的基本方法。

人都有七情六欲。有悲伤、焦躁、不甘、厌恶、嫉妒等负面情绪，也有喜悦、感动等正面情感。当中的厌恶、嫉妒等负面情绪容易盘踞内心，一旦深陷其中即难以摆脱。

尽管如此，若是懂得控制情绪化的言辞，或者懂得适时转念，多半就能泰然处理自己的情绪。总而言之，学会掌握以下几个方法，便不会再饱受情绪困扰。

首先是舍弃无谓的坚持。每个人当然都有自己的立场,从程度轻微的"我喜欢这样",到事关重大的"说什么我也不能妥协"。

一旦"坚持所谓的'坚持'",心态也会变得执着。很多时候,自认为择善的事,可能是自己的一厢情愿。试着放下,有时并没有你想象中那么困难。而且大部分自认为的"坚持",实际上并没有那么重要。

另一个重点是明白"想太多也无济于事"。

如果你情绪激动,难以平复,解决方式便是回头想想受到刺激的原因是什么。

最常见的情况是仅仅因为自己反应过度而情绪激动,但事实上根本没什么大不了。如果意识到这一点,或许会觉得焦躁的自己看起来是如此愚蠢。

每个人都有心情烦躁的时段,有时还会加上睡眠不足或肚子饿等令人难受的生理状况。很多人在事后才反省过来:"我当时怎么会为了那点小事就发那么大的脾气?"

Part 5

若是无法静下心来找出理由，问题就会无解。例如，你心里不满地想着："我讨厌他那样。"如果有具体原因，也许可以当面向对方提出改进的建议；但若只是"莫名地厌恶"，就无法扭转自己对对方的厌恶之情。

有时候我们会没来由地讨厌某个人，或许这就是俗称的"不投缘"，若执意想要改变这种情况，不是很不明智的想法吗？反正是毫无理由自然产生的情绪，与其执着于"我讨厌他"，不如认清彼此就是不投缘，至少不会让负面情绪继续扩大，也不会受情绪左右。

请试着"舍弃无谓的坚持"及"认清事实"，相信这样做将会有效控制情绪。

改变自己是神,
改变别人是神经病

各位是不是有过类似下面的经验呢？例如和公司某位上司合不来，跟某个同事说话总是一肚子气或感到不耐烦。

如果每次与某个人相处都倍感焦躁，或许会觉得是自己无法妥善掌控情绪吧！在现代错综复杂的人际关系中，有这类困扰的人应该相当多。

世上的人、事、物不可能只为了自己而存在，但即使心里明白这一点，仍始终难以承认自己就是问题所在，这也是人之常情。

例如，若在公司里遭到上司挖苦，心里自然不好受。虽说如此，但若只因为这样而影响情绪的话，可能会无法得心应手

Part 5

地处理工作。这样不是得不偿失吗?

遇到这种情况时,可试着改变待人的态度。一开始或许很难彻底改变,但做做表面功夫应该并不费劲。

举例来说,对于不投缘的人,不妨在早上见面时主动笑着打招呼:"早安!""谢谢你上次帮忙!"这么做也许会产生意想不到的效果。也就是在当天与对方初次见面时,改用不同于以往的态度。打招呼后也不必再多说话。

像这样,借着放下无谓的坚持来改变自己,不是比较好吗?事实上,对方的反应往往也会跟着改变,不再出现令人火大的场面。

试想,如果一直看不顺眼的人向你打招呼,你的心情是不是也会好一点呢?那么,试着先从改变自己做起吧!

都是成就感不足惹的祸

一般来说，随着年龄增长，男性会比女性更容易感到焦躁。

人本主义心理学认为人类的基本需求之一，便是"自我实现"，体现在外便是获得成就感。若是无法满足成就感，可能会因为情绪不稳而焦躁不安。

成就感的获得不仅仅要往内求，还需要得到别人的赞美、关注与支持。请想想，你是否觉得年纪越大，成就感越不足呢？

年轻时，我们有来自另一半的期待，工作表现良好会受到称赞及鼓励，但是步入中年后，夫妻间的关切逐渐变少，正面的互动也越来越少；职场则是长江后浪推前浪，是年轻人的天下。

Part 5

孩子年幼时,还会贴心地鼓励自己:"工作加油喔!"或者崇拜地说:"爸爸好厉害,什么都知道!"可是他们到了青春期,便开始对父母感到厌烦,懒得跟自己说话。

在工作方面,已可看出自己到底能不能出人头地有番作为,也预想得到未来的大致发展。到了这个阶段,若是不受上司重用,又被下属瞧不起,不仅无法获得成就感,更会觉得事事都不顺心。若转而寻求成就感,反而容易招来反效果。例如为了博取别人的尊敬而自吹自擂当年的丰功伟业,反倒陷入惹人嫌恶的恶性循环。

过去公司会按照资历或辈分升迁,即使在工作上毫无建树的人也照样能升职、加薪,从而获得成就感。但是现代甚至出现了"老害"①一词,表面上看似尊敬年长者,实际上却是轻蔑漠视。

既然在职场与家庭里无法获得成就感,便需要往其他地方

---

① 老害:指企业或政党等组织中,手握大权不肯交棒给年轻人的老人。

寻找。

例如，可以主动担任自治会或町内会①的义工。目前每一处自治会或町内会的成员都有高龄化的趋势，由于成员几乎都超过60岁，因此希望四五十岁的新鲜血液加入。如果能在这类的组织中有所贡献，人们不但会感谢你的付出，也会肯定你是个有用的人。

或许有人会想："我并不适合当义工啊。"既然如此，不妨去俱乐部或小酒馆等场合畅谈当年勇，博取众人的正面回应："喔，是这样喔。""好厉害啊。"当然，只要掏出钱来就能享有这类的待遇，就成就感的需求来说，倒是不错的方法。

总而言之，请先有心理准备，男性过了中年以后很容易感到焦躁。至于妥善面对焦躁的方式，便是了解这种情况是因为无法获得足够的成就感。

---

① 自治会、町内会：日本社会的自发性基层社区组织。

Part
5

情商高就是会说话

在公司开会时,即使提出自认为正确的意见,其他人也未必会接受。假使自己的意见从客观角度来看是正确的,也常会因为和对方不对盘而不被接受。更何况,当工作进行得不顺利时,如果一味坚持自己没有错、自己是正确的,对方听了也不是滋味。

在这种情况下,是否该考虑改变说话的方式呢?

这时候必须先顾及对方聆听时的心情,冷静下来,暂且搁下自己的主张。

例如可以说:"如果我有什么行为引起你的不满,希望你能一一指出来,我会虚心接受的。"像这样,先缓和对方的情绪,原本剑拔弩张的气氛说不定能因此和缓。

此外，认同对方的主张，也能让对方暂且放下防卫的姿态，冷静下来后再重新讨论可行的方式。向对方让步，自己吃一点亏，看似有损自尊，但仔细想一想，对方如果能转为接受自己的提案，反而收获更大。

千万不可以说："你之前也是那样说啊。""你每次都这样吧？"这样的说话方式过于意气用事，会令双方无法静下心来好好谈。

而且，"你每次都这样吧"这句话，一般是用在不好的情况，背后含有"我已经听腻了"的意思，对方听起来当然会感到受辱而发火，彼此也会迟迟无法达成共识。

这时必须要认清，自己并无法控制对方的心情与感受。唯有先自我改变，采用循循善诱的表达技巧，使对方逐渐接受你的想法，才能冀望对方有所改变。

双方各自带着情绪硬碰硬是最糟糕的局面。为避免发生这种情况，重点在于先试着控制自己的情绪。

Part
5

别被身体情况左右情绪

人往往会在不知不觉间受情绪影响，这种情况对于都能以"那也是没办法的事啊"这种虽不满意，但勉强能接受的态度敷衍过去的人倒是无妨，但有的人并不能如此大而化之，容易受情绪影响，饱受焦躁与烦闷之苦。

负面情绪有时是身体状况所引起的。当自己身体不适时，即使面对平时交情不错的同事或朋友，不是也会感到焦躁吗？在身体无恙时还可以在表面上装得若无其事，但如果感到疲惫时，一点小事都会使怒气加倍。

此外，经常头痛的人，也常会因为鸡毛蒜皮的小事感到不耐烦或气愤。

像这样，明明是身体不舒服，反而怪罪别人。在无法控制对方情绪的状况下，对方又不照自己的意愿去做，就会更加烦躁不安。

首先要确实了解"身体状况会影响情绪"这件事。平时多注意调养身体，一旦发现情绪莫名激动，务必倾听身体的声音，判断健康是否出了问题。反过来说，活动身体对情绪有正面影响。情绪不佳时，出外动一动可以转换心情。老是宅在家里的人不妨出来打扫院子、带爱犬出门散步，心情也许会舒畅一些。

平时常出门走走的人，大多显得开朗有朝气。走路可使身体变好，让人看起来有精神，情绪也会沉稳许多。

请务必记住，活动身体有助于改善情绪，动一动就有好心情。

Part
5

找不到解决之道的事，就先暂放一边

人遇到问题时，会在脑海里想象各种情况，思考解决办法。但有时候绞尽脑汁也会苦无良策。既然耗费时间也找不到解决之道，这件事肯定是"眼下再怎么想也无济于事"。

在这种情况下，干脆先不要想。有句谚语也说，"耐心等待，航路自然晴朗"（比喻守得云开见月明），不久的将来必定会有转机。

思绪杂乱时，不如依照之前提到的方式。像是旅行，或者出门在家附近走走，或只是伸伸懒腰也可以。因为肢体的活动不但能纾解压力，更可以活化身体状态，让头脑更灵光。这时候不要一心只想解决问题，只要纯粹散心或放空就好，你的心情会感到轻松很多,这比坐困愁城来得好。

又假设与客户起冲突,一时之间不知如何解决,这时不妨暂退一步,先找经验丰富的资深同事商量。

即使想到了适合的解决办法,也不要当成最后的定案,而是作为暂时的权宜之计。然后就先将此事暂放一旁,静心等待更好的想法出现。

暂时搁下眼前急迫的事情确实需要勇气。然而换个角度思考,即使多花了一点时间,但如果后续事情能因此顺利进展,便足以弥补时间上的损失。

Part
5

过去无法改变，未来还需向前

每个人都有沮丧的时候。有时我们会知道沮丧的原因，有时则不然。莫名感到沮丧时，可以暂时让身心休息，慢慢恢复心情。情绪原本就有起有落，没有人可以一直开心充满正能量，你必须允许自己有心情低落的时候。

但是当脑海里充斥负面想法时，会使情绪难以掌控，造成心情低落，只注意到自己的缺点，又或是看什么都不顺眼，让负面情绪犹如连锁反应般不断发展，陷入坏心情的恶性循环里。

"反省"有两种，一种是着眼于找出具体改善方案，深刻反省"下次要这样处理"；另一种反省则不可取，只会针对无法改变的过去，懊恼地想："是我自不量力""当初不那样做就好了"。

后者的反省已于事无补，只会陷入"越想越烦闷"的状态，使人不断设想最糟糕的情况。

让沮丧的心情恢复活力的关键，便是不以后者的方式自责懊悔，而是朝着能改善未来的方向积极前行。

心情沮丧时，往往会执着于"过去"。但"过去"是最无力挽回的事实。"为什么我考不上那所大学？""为什么我没办法当经理？"这类的想法屡见不鲜。一味回想着、追悔着已发生的事，也无法改变既定的事实。

我们尽管无法改变事实，但能改变对事物的看法。若是对现状感到悲观，或许就很难转换心境，当我们能持肯定态度面对目前的情况，相信也能改变对过去的看法，进而转念心想："因为没考上那所大学，我现在才会这么努力想争口气""因为没当上经理，我现在才能在非领导阶层的员工中表现得很出色。"不要想着"没做到的事"，而要将重点放在"已经做到的

Part 5

事"。如果能因此自我肯定,也会逐渐恢复自信。

最重要的是在沮丧时懂得转念,试着以正面角度看待事情。希望各位能转换思维,比如想"不要在沮丧的时候反省自己""即使处在负面状态中,也一定有正面的意义"。

为了面子，
往往容易失去里子

想要培养不受情绪控制或影响的心理习惯，便不要有强烈的得失心。

如果凡事都想一决胜负或一较高下，思想就会越来越僵化。如果认为自己轻易接受对方的意见就代表输了，就容易事事抢第一，处处争成功，为了面子，即使错了也不服输，也要坚持到底。

另一方面，与"一决胜负"相反的想法是"权衡得失"，这是把利益得失当成判断的标准，我觉得这样做并不是坏事。

从前的大坂（大阪原名"大坂"）商人中流传一句话："低头道歉不值钱。"意思就是，他们认为只要结果对自己有利，姿态摆得再低也无所谓。

当社会地位随着年龄增长而提升，多数人也越来越难向人低头。有些人认为委曲求全不利于谈判交涉。但是仅仅放低姿态而已，并不会对谈判交涉造成损失。放下身段也是一种技巧，可迎合对方心理，最后使对方欣然答应我们的条件。

这种态度可说是"舍名取实"。不过，目前似乎有越来越多的人无法表现出有限度的退让。

低头道歉也不算是难事。暂且放下身段，不断思考："怎么样才能让对方接受我的条件？"像这样，能够如此灵活应变，便是额叶发挥功能所致。

将痛苦转换为喜悦的三个方法

任何人都想随心所欲做自己想做的事，但长大后会发现越来越难以如愿，每个成年人应该都有这种感受吧？然而，即使是迫不得已做不想做的事，也可以想办法激发自己的热情。

以我来说，便是借着"犒赏自己"来激发热情，也就是将收入的5%用在自己身上。我目前是用来买葡萄酒。当然，前提是事情进展顺利才会这么做。但是因为可以自我奖励，即使对于眼前的事情兴味索然，仍可以借此激发热情。

我在学生时代想了各种念书方法，后来明白过度自我克制反而会降低念书效率，于是换个方式，只要按照进度念书后，就犒赏自己去看最喜爱的电影，念书效率因此大幅提升。

我在大学攻读医学，说老实话，刚开始念得非常痛苦。医

Part
5

学课程需要念的文献十分艰深，以我的能力，必须花很长的时间才能理解其中的内容。然而，有件事成为改变我学习的转机，让我原本觉得棘手的课业变得不那么痛苦了。以下会有详细的说明。

热情并不是自然而然产生的，但是可以靠改变想法加以提升。在此我将我的经验归纳为下列三点。

各位也可将念书替换成工作，将这些原则应用在职场上。

① 将学习方向转为感兴趣的项目，刺激自己钻研该项目

我大学时考上了医学系，但其实当初我对医学系每一科的课程都提不起兴趣，因而始终无法决定要选定哪个科别。不过，我在打工担任杂志社记者期间开始关注社会问题，因而对能解决压力困扰的精神科产生兴趣。

然而，决定成为精神科医师后，我实在难以理解以德国艰涩的精神病理学为主的教学课程。即便对精神分析有兴趣而开始研读弗洛伊德，也仍是一头雾水。

就在此时，我参加了庆应义塾大学开设的研习会，席间由

数名精神科医师担任讲师。起初我很担心会不会听不懂，但是这几位教授全是知名精神科医师，演讲内容深入浅出，我也因此吸收到许多精神医学的相关知识。

后来因为想要继续深造，前往美国留学。由于当时已有好几位优秀讲师激发了我的学习热情，我感受到学习的乐趣，甚至连精神分析以外的精神医学也读得津津有味。自从对精神医学兴趣大增，我便自然而然有了学习的动力。

各位在工作上或许会认为："我这辈子一定要在这个领域深耕发展。"实际上，大多数情况并非如此。如果实在觉得工作很痛苦，不妨下定决心转换跑道。这不仅限于改行，即使在同一家公司，也可以考虑变更工作类型，接受不同于以往的挑战。

就算一如既往做着无聊的工作，也有可能遇见好上司，参加研讨会，或者恍然大悟后开始对某件事感兴趣。最重要的是要积极寻求这类转机。

② 在尝试过程中培养"内在动机"

原本不爱念书的我，因为"转换跑道"及"遇见良师"而激发了热情，最后也感受到念书的乐趣。

Part 5

想要激发热情，首先要寻找自己感兴趣或能激起自己好奇心的事物，但是这并不容易。

这时就要转为探寻一般所说的"可以赖此为生"的环境。大致了解情况后，即可推测自己是否能做得下去。如果能撑下去，便试着认真投入那份工作。

以我来说，当年是怀着对自己半信半疑的心态踏入精神医学领域的，不过，越是深入这块浩瀚的领域，越能感到其中妙趣。不论工作或念书，经常是一开始兴味索然，但在懂得诀窍或得心应手后，便能乐在其中。

一般往往认为要有热情，工作才能进展顺利，但有时也会在边做边学中产生乐趣。心理学家阿德勒认为，如果能在工作时感受到自己对别人有贡献，便能激发喜悦的情绪和工作的动力。

以业务工作为例，有时顾客也会表达谢意吧？如果能得到足以激励情绪的回应，工作也会显得有趣许多。

若是能产生"激励情绪→提高热情→工作顺利→激励情绪"的良性循环，那是再好不过。

③ 逐步改变自己所处的环境

踏出社会后若是想进修，如果谈到中高龄者，一般人往往会联想到他们与一群年轻人一起学电脑的情景。然而，如果是想取得在公司工作所需的资格或证照，最好还是与同辈的人一起学习比较好。

若是同公司的职员，因为拥有相同的学习目标与工作热情，较容易找到志同道合的同伴，相形之下，在其他环境则不容易交到朋友。只不过，如今已能通过网络的社群媒体认识同好。

此外，也可多参加自身专业领域以外的公司外部读书会。社会上这样的活动不少，主题也包罗万象。如果是技术人员，参加公司业务以外的研习会也能得到良性刺激。此外，学习了解顾客的需求，或许也能在公司研发新产品时提供一臂之力。

以我自己为例，我有时就会参加与经济议题相关或与政策建议有关的读书会，积极学习医学以外的事务。

跳脱一成不变的生活，尝试探索新兴趣的人，脑部可能会更活化。

Part 6
情商修炼课

情商会成长到 40 岁,
此后若是置之不理,就会如前面所说,
逐渐衰退。

Part
6

注意！40 岁后，情商可能会下降

如第一章所提到的，锻炼额叶不仅可减少产生令额叶衰退的负面因子，也能达到正面效果。

本章将探讨如何通过训练，在中年以后把握机会提高情商。

迈入中年后，需要面对的主要社会课题，便是让周遭的人肯定自己是干劲十足且积极向上的人，所以必须在日常生活中时常提醒自己加强情商。

前面提过，情商是中年人不可或缺的"脑力"。

我是心理学专家，也深入研究过情商。得到的结论是，高情商不只可以用来控制情绪，也是享有丰富精神生活的必要之物。

相较于会随年龄增长而略微衰退的智商，一般人认为情商会随年纪增加而成长，但事实上过了40岁，情商就可能会随年龄增长而下降。换句话说，情商会成长到40岁，此后若是置之不理，就会如前面所说，逐渐衰退。

事实上，额叶大多会从这个年纪开始萎缩，导致情绪老化与情绪控制不良；尤其是男性因为激素减少也可能会造成处理人际关系能力下滑，连带也会使情商减退。

反过来说，如果能避免以上功能衰退，继续维持热情，便能充满活力。

Part
6

即使人到中年，
也不要失去工作热情

为了让自己在 40 岁后仍旧活力十足，一定要再度激发自己的热情，而重点就在于"自我激励"。

人至中年，若是不注重加强额叶功能，不但情商会衰退，自我激励的能力也会跟着下降。

到了四十几岁的后半段，或多或少已能预测自己未来在公司的发展，年轻时曾许下"我一定要出人头地"豪语时的热情也已逐渐消磨殆尽。

即使奋发向上的期待不如从前，但至少仍要对工作保有热情，只是有不少人故步自封，对未来深感茫然与失落，总觉得提不起劲。

此外，现今职场不仅不再依照资历与辈分升迁，反而大幅裁撤中高龄员工，有人在被裁员后即产生严重的失落感而罹患忧郁症。

尤其是男性，一旦失去对工作的干劲与热情，对人生便丧失冲劲与乐趣，这种例子更屡见不鲜。

也许有人会说，把心力投注在自己喜欢的嗜好上不就好了吗？话虽如此，但想要找到比工作更能让人产生成就感的嗜好并不容易。

人需要别人肯定自己的存在价值。如果无法满足这项需求，对人生也会难以产生热情。因此，40岁以后必须提醒自己加强情商。

Part
6

判断自己情商的
九道测试题

迈入 40 岁以后,该如何提高情商?首先,必须检视自己目前的身心状态。如果不了解自己,便无法掌控情绪。

只是,不管年纪多大,许多人对于自己仍是一知半解。

接下来我将探讨如何深入自我剖析,以便大家更加了解自己。对自己了解越多,越能妥善控制情绪,也可以进一步提升情商。

前面提到,情商是由美国耶鲁大学校长彼得·沙洛维与约翰·梅耶教授共同提出的,两人对情商定义如下:

・认识自己情绪的能力。

・管理自己情绪的能力。

・自我激励的能力。

・认知他人情绪的能力。

・妥善处理人际关系的能力。

以下将根据这五项定义提出九个问题,请重新检视自己目前的情况。

① 你喜欢自己吗?

你觉得自己是什么性格的人?别人喜欢这样的你吗?

如果觉得"我喜欢自己",那再好不过。只要不是过度以自我为中心,自信心确实是自我认同的重要因素。

虽说这世上也有人厌恶自己,或认定自己一定会交不到朋友,又或不受异性欢迎,但这种情况需要的是反省与找出解决方案,而不是先急着自我否定。

Part 6

此外，一旦在家里感觉另一半对自己的爱不如从前，或者孩子长大后变得与自己疏离，自我实现的需求便难以获得满足。

在这种情况下，若是能再次发掘自己的优点，心情或许会好转。如果又能结交新朋友，或在职场上有谈得来的同事，多少也会让自己的人生有点转机。

② 你有良好的人际关系吗？

拥有良好的人际关系是件幸福的事，但有许多人为人际关系所困扰。

你的人际关系是否良好，检测的标准之一，就是你是否懂得与人相处。

大多数感叹迈入中高龄后难有良好人际关系的人，最主要的原因是他们对生活失去热情，也不再想积极认识新朋友。若是想增进良好的人际关系，就要拓展交友圈，而最有效的方法是参加之前曾提过的研讨会或社团。

③ 你对别人有同理心吗？

日本人常常弄错人们表面的态度（场面话）与内心的情感（真心话）。因此，想搞懂对方的情绪，最重要的便是站在对方的立场揣想其心情。换句话说，也就是对别人是否具有同理心。

在情商的定义中也非常重视"同理心"，因为这是构建人际关系的关键。具备高度同理心的人，由于善解人意，应对合宜，因此很容易赢得对方的好感。

然而，光是站在对方的立场着想，仍难以看透人心，所以还要仔细倾听对方说的话，观察其说话的音调起伏及脸上的表情。

此外，还要反省自己是否对别人带有偏见。有的人执着于负面思考，不论对方说什么，都觉得是在挖苦自己，这样的人便是戴着有色眼镜在看待所有的事物。

大多数人年过四十后，不仅累积了一定的人生历练，且自认为见多识广，对于人际交往会有自己的一套见解，但最好还是要常反躬自省。

Part 6

④ 你能察觉别人的心理需求?

在掌握对方的情绪状况后,接下来必须努力回应对方的心理需求,让他感觉被了解、被尊重,否则,我们无法与人达到情感交流的目的。

因此,请务必理解以下三点:

第一,凡是人,都希望能获得别人的肯定。每个人都有渴望别人认同的需求,所以会寻求能够满足这项需求的朋友。

第二,人都希望与自己喜欢的人在一起。如此,我们会觉得自己也感染到对方的气息,甚至还会因为虚荣心而觉得自己高人一等。

第三,人都希望结识志同道合的人。这么做会让自己觉得与别人处于同温层,是属于同一阵营的,不会担心和周遭格格不入。

了解人类的这些基本需求后,再思考对方处于哪一种心态,便容易满足对方的心理需求。

⑤ 你的人际关系一成不变吗？

当与人相处的模式陷入一成不变中时，或许就会变得瞧不起对方。对方称赞自己，甚至还可能心生厌烦。

过了中年以后，许多人往往就不再拓展人脉。大部分原因是我们的生活圈已经固定，使得人际关系陷入一成不变的模式。

当自己越来越懒得与人交际时，便极有可能难以摆脱负面情绪。

⑥ 你希望别人尊敬你吗？

人生阅历会随年纪增长而累积，许多人因此多了几分自信，希望别人肯定自己是有用的人，但这种心态有时会造成人际关系的莫大阻碍。

尤其是与辈分较低的人或年轻人相处时，总是忍不住摆起前辈的架子。

Part
6

当你参加聚会时,如果碰到辈分比自己低的人未前来打招呼,是不是会感到心里不是滋味呢?

在公司获得升迁后,希望别人尊敬自己的心情也会更加强烈。对不懂职场礼节的晚生后辈感到不满,其实在所难免。然而,如果能对此有所警觉,克制自己这种自恋的情绪,检视自己是否摆出高高在上的倨傲态度,人际关系即可变得圆融。

这种自恋的情绪不会自然而然消退,必须凭自制力加以克制。请务必有自知之明。

⑦ 你讨厌向别人道歉吗?

社会地位一旦提高,常表现出摆架子、不再向对方道歉的姿态。相反,如果备受众人尊敬的大人物或上司向你低头,甚至道歉,满足自我实现需求的充实感自然难以言喻,内心便洋洋得意起来。其实大人物只不过是随口对你说声:"对不起啊。"

如果自认为不是精英,那就需要留意了,这种心态可能会形成自卑感。这样的人在公司里的地位一旦提高,自卑感很容易一百八十度大转变,动不动便摆出高高在上的倨傲态度。

每个人都有这种情绪。若是能随时自我警惕，秉持一贯的谦虚态度，一定会赢得周遭人们的敬意。

在日本社会里，即使没有崇高的社会地位，只要是年长者，自然会受到众人的尊重。更不用说在公司里辈分或地位较高的人。

本来就不习惯认错、自尊心较强的人，请要有心理准备，迈入中年以后，极有可能出现讨厌向别人道歉的倾向。

⑧ 你认为一切最终会否极泰来吗？

"截至目前，你的人生是好事居多，还是坏事居多？"你会怎么回答这个问题呢？

所谓"祸福相倚"，人生就如这句谚语所言，有好也有坏。虽说坏事没有大小之分，但只要改变看事情的角度，也许能释怀。

一般人认为的"坏事"，其中一项就是失败。例如公司因经营不顺而进行裁员，从公司的立场来看，为了重新评估经营方向与重整财务状况，裁员未必是坏事。但若反过来站在员工

Part
6

的立场，遭到公司裁员肯定是件坏事。

然而，如果改变观点，对遭到裁员的当事者而言，也算是跳槽到其他业绩良好公司的大好机会。运气好的话，待遇有可能比前一个公司更优渥。

若是个人转职，不要只在意年收入是否提升，而是把握机会，借由新公司或新工作重新省思自己真正想从事的职业。也许就在转战其他跑道时，得以发挥潜藏的才华。

人生原本就是有起有落，在遭遇挫折时，不要失去信心，不妨将它视为学习的机会，并告诉自己："一切最终会否极泰来。"

⑨ 你会化危机为转机吗？

但凡是人，就难免会感受到痛苦与失落。而你面对这些情绪的态度，将左右你的人生。

也许有人会心想："我不能再这样下去，一定要振作起来。"但是我不认为受挫的经历是毫无意义的，而会将它视为"放空的大好时机"。此时，我希望你不必勉强自己振作心情，而是先暂时忘却烦心事，只在脑海里回想"过往的美好回忆"。

例如，与初恋对象的青春回忆；步入红毯另一端的回忆；另一半第一次将薪水交给自己，两人一起去餐厅吃饭庆祝的回忆；或者是收到孩子或孙子考上高中或大学的通知等，想必每个人都有不少回忆吧？回想这些美好往事，会发现人生其实并没有那么糟。

Part
6

学习成功之道，避免低情商

把握机会提高情商时，请务必试着"模仿别人"。

前面已提过模仿的重要性，在工作方面，懂得放下身段学习别人长处的人较有机会成功。能放下身段仿效别人，可说是额叶功能佳的表现。

坚决认为"模仿别人"是不好的行为，而不懂得学习别人的成功经验或失败教训，就表示缺乏灵活变通的能力，情商可能不高。

在此举例说明如下。

A个性机灵，说话风趣，因为与接待的顾客互动良好而大受欢迎，工作表现也不错，但缺点是谈吐有些单调且缺乏深度。虽然可以胜任基本的业务工作，但遇到稍微复杂的工作内容，就会感到焦虑而不知所措。

B则处事沉稳，发言谨慎，因此深受顾客信赖，工作能力当然也可圈可点，但是不会主动尝试新的挑战。由于凡事都是经过深思熟虑后才付诸行动，所以往往无法比别人抢得先机。

还有一位个性踏实的C，较不引人注目，既不太受顾客青睐，办事能力也不算出色，在周遭人们的眼里，就是所谓的平凡人。不过，他会努力钻研与工作有关的过往记录，参考前人的经验行事。

这三人当中，工作上获得最多成功的会是像C这样的人。

C也将这套方式运用在读书考证照上。为了考取证照，C选择函授教育，在没有上过任何考前冲刺课程的情况下就顺利考取证照。他表示自己是在做考题时学到解题的诀窍，然后反复学习。

不论是工作还是考试都一样，一定会发生与过去类似的情况，有前车之鉴可供学习。如果没有人向我们提供失败的教训，我们或许一事无成。但借由学习前人的经验，我们就可以汲取他人的成功经验，汲取失败的教训。

Part
6

情商高的人都善于模仿

在上一篇文章中，C并不是用聪明的脑袋一争胜负，而是借着仿效别人达到成功的目的。如果在我们周遭有能力强的人，模仿对方的确会是获得成功的捷径。

但反过来说，即使是能力强的人也不要故步自封，而要懂得学习他人的长处。若是自信满满而不知变通，仍会遇到瓶颈。

C乍看之下并不优秀，但是他不墨守成规，也不刚愎自用，而是借由仿效别人走出自己的路。真正有智慧的，也许就是像他这样的人。

中国古代有一部家喻户晓的《孙子兵法》。其中有一句至理名言："知己知彼，百战不殆。"据说拿破仑也将这句名言谨记在心。

这句名言若是套用在现代职场上,即表示如果能了解自己的能力专长与职场所需的技能,遇到自己不足以应付的场面时,只要懂得借力使力,即可提高成功的概率。顺利的话,看似困难的任务也有可能迎刃而解。

这就是发挥前面提到的"后设认知"功能,在采取行动前先客观检视自己。

善用模仿技巧,就能从旁观者的角度观察他人并加以学习,等到自己能做出正确判断时,再思考自成一套的有效方式。即使自己的方法取材于数人,只要能融会贯通,便是一种极具特色的自我风格。

Part
6

摆脱低情商的三个方法

当觉得兴味索然或沮丧气馁时,脑海里通常会乱七八糟地出现许多负面想法。在这种情况下,最容易自怨自艾,认为自己没有才华或无能为力。

在此给大家提供三个建议。

① 自我激励

首先,即使是真的资质不佳或技不如人,也要先自我激励,想象自己终能成功。在情绪低落或没把握能成功时,不妨利用这种方式让自己振作。

② 取长补短

如前面所提到的,成功的捷径并不是坚持自我一意孤行,而是懂得学习他人的成功经验，从中找到自己的短处。

③ 理性分析

另一项建议是不要有以下想法："这项任务之所以能成功，是因为负责的人本来就很优秀。如果是我的话，根本就办不到！"会有这种想法，就表示是自卑感在作祟。态度谦逊固然可取，但也没必要妄自菲薄。

话虽如此，但也不要一开始就对自己过度自信。成功时，自认为"我很聪明又有才华"的人，并不会去分析获胜的原因。能够深思"为什么我会成功"的人，则会从理性的角度加以分析。

换句话说，重点不是要对自己的才能深具信心，而是要养成冷静分析获得成功的原因，这才是成为人生赢家的关键。

Part
6

情商高的人，懂得从正面看

工作上提出的企划案被打回或遭到批评往往会使人心灰意冷，甚至认为对方根本不在乎企划案是好是坏，只是出于对自己的反感才会故意找麻烦。

会有这种想法就是对失败太过敏感所致。人遭遇失败时，心情难免会受影响，即使如此，仍希望各位能通过成功的案例鼓励自己。

举个例子，也许有的医师只着重于检视病人的状态，而忽略了观察健康者的身体状况。医师的职责是治疗疾病与伤口，这一点自然毋庸置疑；但也有人认为医师同样需要以医学的观点理性观察健康者，借此找出避免生病及维持健康的方法。因为医师研究所得的健康法，大多是教人们如何避免生病，很少教人如何过得健康安乐。

如果只着眼于失败的案例,会使自己无法看清通往成功的路。当失败案例萦绕脑海时,最后就会觉得自己不管做什么都会失败。

也不要认为成功是来自自身的才能,而要虚心学习成功案例,保持谦逊的态度。

结语

"大脑越用越灵光"——这是本书从头到尾强调的重点。我们可以轻易从身体的灵活程度，看出身体是否具有活力，但是"大脑的活力"无法用肉眼察觉，因此难以意识到大脑衰退。过去认为自己的个性就是"顽固而不知变通""不懂得调适情绪"的人，读了本书后，应该会注意到这可能意味着大脑正在老化。

大脑功能不会因为脑细胞衰减而大幅衰退，但其他身体部位并非如此。像是手臂肌肉若是减少而变细，便无法举起重物。而大脑不一样，因为大脑的储备能力远远超出身体其他部位。

锻炼肌肉必须承受负荷量大的训练过程，刺激大脑则不需要如此辛苦。只要自己感到愉快，就能充分锻炼大脑。

既然每天让自己开开心心就能锻炼大脑，那又何乐而不为呢？

人生本来就应该乐多于苦。人生苦短，姑且不论所面临的种种问题，我们如今可说是活在人类前所未有的富裕、自由且和平的时代。不论选择哪一种人生，任何人都不应该在他人背后指指点点。

当然，不管是打发时间还是吃喝玩乐，都需要赚钱满足最基本的需求，才能每天有饭可吃，有遮风避雨的家，以及可保暖的衣物。现代社会的生产力大幅提升，所以我们得以享受这个物资充裕的年代，大可利用这些丰足物质享受人生。

如今的时代已能搭乘新干线直奔北海道，也有纵横交错、四通八达的高速公路。如果不好好利用这些资源，反倒没有目的地拼命存钱，未免就太可惜了。

日本目前的养老金制度必须等到65岁才能领到全额，即使未来也许要等到70岁才能领到全额，但过了70岁以后，男性也还有大约10年，女性则还有将近20年的时间才会走到生命尽头。若是能利用这段时间投入自己的兴趣，不管是哪一块领域，就算无法达到完美的境界，也有可能进步到足以将知识与经验传承给下一代的地步。

再说，孩子不可能永远待在自己身边，也不一定会关心自己。既然如此，不如趁着40岁的这段中年时期，寻找能取悦大脑的方法。

如果能因此享受人生，不仅不会只能对年轻人投以羡慕的眼神，还可以自信满满地自夸："这些事年轻人哪会懂！"说不定年轻人反而会羡慕道："希望我老了也能像这样。"

但愿各位能消除多余的"大脑赘肉"，发掘全新的自己。如此一来，即使孤身一人，也能在临终之际欣慰地想："我的人生过得还蛮幸福啊。"